ACCESO GRATIS a la Lectura en la Nube

Para visualizar el libro electrónico en la nube de lectura envíe junto a su nombre y apellidos una fotografía del código de barras situado en la contraportada del libro y otra del ticket de compra a la dirección:

ebooktirant@tirant.com

En un máximo de 72 horas laborables le enviaremos el código de acceso con sus instrucciones.

AF275943

La visualización del libro en **NUBE DE LECTURA** excluye los usos bibliotecarios y públicos que puedan poner el archivo electrónico a disposición de una comunidad de lectores. Se permite tan solo un uso individual y privado.

Su primera vez. Del corto al largo: Cobeaga, Ipiña y Vigalondo

COMITÉ CIENTÍFICO
DE LA EDITORIAL TIRANT HUMANIDADES

MANUEL ASENSI PÉREZ
Catedrático de Teoría de la Literatura y de la Literatura Comparada
Universitat de València

RAMÓN COTARELO
Catedrático de Ciencia Política y de la Administración
de la Facultad de Ciencias Políticas y Sociología
de la Universidad Nacional de Educación a Distancia

M.ª TERESA ECHENIQUE ELIZONDO
Catedrática de Lengua Española
Universitat de València

JUAN MANUEL FERNÁNDEZ SORIA
Catedrático de Teoría e Historia de la Educación
Universitat de València

PABLO OÑATE RUBALCABA
Catedrático de Ciencia Política y de la Administración
Universitat de València

JOAN ROMERO
Catedrático de Geografía Humana
Universitat de València

JUAN JOSÉ TAMAYO
Director de la Cátedra de Teología y Ciencias de las Religiones
Universidad Carlos III de Madrid

Procedimiento de selección de originales, ver página web:
www.tirant.net/index.php/editorial/procedimiento-de-seleccion-de-originales

Jara Fernández Meneses
Vicente Rodríguez Ortega

Su primera vez. Del corto al largo: Cobeaga, Ipiña y Vigalondo

uc3m | Universidad **Carlos III** de Madrid
Instituto Universitario del Cine Español

tirant humanidades
Valencia, 2025

Esta publicación es parte del proyecto de I+D+i «Cine y Televisión en España en la
era del cambio digital y la globalización (1993-2008): identidades, consumo y formas de producción» (PID2019-106459GB-I00), financiado por el Ministerio de
Ciencia e Innovación/ Agencia Estatal de Investigación/10.13039/501100011033.

Editores de la serie del Instituto Universitario del Cine Español de la Universidad
Carlos III de Madrid: Miguel Fernández Labayen, Ana Mejón, Manuel Palacio,
Vicente Rodríguez Ortega.

Agradecimientos

Se agradece a la Agencia Estatal de Investigación del Ministerio de Ciencia e Innovación (Gobierno de España) la financiación recibida para esta publicación.

Queremos expresar nuestra gratitud a Manuel Palacio por haber confiado en nosotros para llevar a cabo este libro.

De igual modo, estamos muy agradecidos a Borja Cobeaga, Nahikari Ipiña y Nacho Vigalondo por prestarnos su ayuda durante todo el proceso de escritura del proyecto y por haber compartido generosamente con nosotros materiales personales.

Gracias también a todo el magnífico equipo editorial de Tirant lo Blanch y, en especial, a María Campo Jiménez. De igual modo, queremos expresar nuestro agradecimiento a Ana Mejón, demiurga clave en los procesos de edición de muchos proyectos del grupo de investigación TECMERIN.

Finalmente, queremos dar las gracias a Cristina Palacios Sancho por leerse cuidadosamente el texto, "limpiar" los errores gramaticales existentes y apuntar de manera certera cuando nuestro lenguaje académico se tornaba farragoso.

Índice

Introducción
De Benicàssim a Euskadi

Era el año 2003 o tal vez el 2004. Agosto tórrido en las calles de Benicàssim, pueblo costero de la provincia de Castellón. Además, aquel día hacía poniente, y el asfalto se pegaba a las sandalias. Sin embargo, existía el refugio perfecto: una sala de cine.

Raúl Serrador, delegado de la revista *Mondo Sonoro* en la Comunidad Valenciana, me había conseguido un pase de prensa para el FIB (Festival Internacional de Benicàssim) con una condición: tenía que cubrir la sección de cortos y escribir un breve artículo.

Por aquel entonces el FIB marcaba tendencia. Desde mediados de los 90 reunía a lo más granado de la música pop, rock y electrónica del panorama nacional e internacional. El festival encumbró a *Los Planetas*, trajo a España a bandas de *britpop* como *Blur*, *Oasis* o *Suede* en su momento álgido, y puso sobre los escenarios a estrellas mundiales del rock como *Nick Cave*, *PJ Harvey* o el mismísimo *Lou Reed*. Había pasión por la música, buen rollo, gran dosis de alcohol, y en algunos casos ciertos alicientes químicos. Antes de que el Primavera Sound o el Sónar explotasen, el FIB era el lugar donde uno debía estar. La fórmula de sus creadores, los hermanos Morán, "Sol, Música y Playa", se había tornado infalible. El público era una combinación de modernos, puretas musicales y guiris que buscaban tostarse bajo el obstinado sol mediterráneo. Julio Ruiz, mítico locutor de Radio 3, paseaba por el recinto como una *celebrity* y transmitía el festival en directo. Aquello funcionaba a las mil maravillas. Pero todo cambió unos años después. Siguió habiendo sol y playa pero menos música y menos actividades paralelas: desaparecieron el concurso de cortos, las representaciones teatrales, los espacios de nuevos diseñadores. Así, el recinto se llenó de *hooligans* de poca monta y los modernos huyeron hacia otros derroteros, pero esta es otra historia...

Aplicado como soy, entré en el cine cuando el sol más asustaba. Y fue maravilloso. Aire acondicionado al 200% y un grupo pequeño pero animadísimo de *fibers*, ataviados con bañadores, sombrilla en mano, que venían directamente de la playa. Deseosos de ver unos cuantos cortometrajes como aperitivo para la larga jornada musical que esperaba a partir de la tarde noche, los *fibers* celebraron con efusividad la aparición de Manuel Lechón, coordinador de la sección de cortos, en el escenario. Seguidamente, Lechón presentó a los cortometrajistas presentes. Uno de ellos me llamó especialmente la atención. Era un chico simpático, con enorme desparpajo y una poderosa voz de locutor de radio nocturna. Afirmó: "Yo he hecho este corto para conseguir el pase VIP del FIB. Y ya lo tengo". Curiosamente, este chico posteriormente tendría una carrera musical como El Alacrán, acompañando al Dios del electropop tropicalista español, Joe Crepúsculo, en los escenarios, como una especie de corista a tope de adrenalina. Pero este detalle, para este relato, quizá no es lo más relevante. Volvamos a su cortometraje...

Me encantó. De hecho, lo destaqué por encima del resto en mi artículo para *Mondo Sonoro*. Era una frenética mezcla entre musical y tragicomedia fresca, irreverente, pero también enormemente triste. Una balada sobre la soledad y la incapacidad de comunicarnos, un arrebato histriónico que tomaba la cotidianidad como punto de partida para crear una pesadilla delirante.

El corto se titulaba *7:35 de la mañana* y su director, guionista y protagonista era Nacho Vigalondo. Unos meses después el cineasta apareció en todos los telediarios porque esta película había sido nominada al Óscar a Mejor Cortometraje de Ficción. No ganó, pero eso es lo de menos. Vigalondo continuó tejiendo historias hasta convertirse en una de las figuras claves del cine español en el siglo XXI.

Si escarbamos un poco más y nos fijamos en el elenco que hizo posible *7:35 de la mañana,* hay dos individuos que nos llaman la atención. Uno de los actores es Borja Cobeaga, celebradísimo director y guionista con una larga trayectoria en el cine y la televisión. La otra es

Nahikari Ipiña, jefa de producción del corto, que se ha erigido en uno de los rostros más destacados de la producción en nuestro país, colaborando habitualmente tanto con Cobeaga como con Vigalondo. Ipiña es, sin duda, más desconocida para el gran público, pero no por ello menos importante en el devenir fílmico español contemporáneo: ha actuado en diferentes fases de la producción de los cortometrajes y largometrajes de ambos cineastas, desde la organización del rodaje de cortos digitales de pequeño coste a labores más creativas como productora ejecutiva, tutelando el desarrollo de los proyectos en los que ha estado involucrada, desde la escritura del guion hasta la financiación y supervisión de contratos con entidades financieras o el diseño de acuerdos de coproducción con otras compañías. Como afirma la productora, cuando estás en el cine independiente "te toca hacer un poco de todo y estar presente en los proyectos de principio a fin" (Ipiña, 2022).

Cobeaga, Ipiña y Vigalondo se conocieron en los pasillos en la Universidad del País Vasco en la primera década del siglo XXI, aunque no trabajaron juntos en esta época. A partir de aquí, a veces juntos, a veces por separado, han labrado una carrera cinematográfica que, en cierta medida, marca algunos de los cambios más relevantes en la evolución de la industria española. Una primera lección que debemos aprender es que estas épocas tempranas, forjadas en el fragor de una juventud que por definición quiere romper total o parcialmente con el canon y crear algo diferente, son determinantes para el discurrir de la carrera artística de buena parte de los creadores en el ámbito cinematográfico.

Este libro detalla cómo los primeros pasos se tornan esenciales para entender la labor de estos tres cineastas que desde diferentes ámbitos y con sensibilidades diversas pero complementarias han creado algunas de las más significativas obras del cine español contemporáneo. Antes de analizar sus trabajos, debemos abrir el plano y describir el panorama del cortometraje en español a comienzos de ese siglo con el fin de contextualizar cómo aparecen estos cineastas y cómo encajan sus obras en el mundo del corto.

Capítulo 1
El cortometraje español desde comienzos de los años 2000: breve panorama

El primer filme español nominado al Óscar a Mejor Cortometraje de Ficción fue *Esposados* de Juan Carlos Fresnadillo en 1996. En estas fechas, otros cineastas ya habían dado el pistoletazo de salida a una nueva manera de hacer cine en España que bebía de las tradiciones autóctonas, pero también de categorías genéricas y modos de hacer cine allende nuestras fronteras. Dos claros ejemplos son *Tesis* (1995), *ópera prima* de Alejandro Amenábar y *El día de la bestia* (1996) de Álex de la Iglesia. Ambas películas fueron grandes éxitos de taquilla; ambas recibieron un excelente reconocimiento crítico. Mientras tanto, también en este periodo, Santiago Segura conseguía un pelotazo comercial con la primera entrega de su saga *Torrente* y otros cineastas ya consagrados redefinían el registro melodramático, como Pedro Almodóvar en su aclamada y premiada *Todo sobre mi madre* (1999). Por otro lado, no sin dificultades, las mujeres se abrían paso en el hipermasculinizado mundo del cine español con películas como *Sexo oral* (Chus Gutiérrez, 1994) y *Hola, ¿estás sola?* (Icíar Bollaín, 1995). En resumen, una nueva generación de cineastas emergió, mirando hacia dentro, pero sobre todo hacia el exterior, potenciando significativamente el cine de género en España.

A mediados de los noventa, Jaume Balagueró realizó sus primeros cortos para posteriormente surgir como un huracán con *Los sin nombre* (1999), película que tuvo un moderado éxito de taquilla en España y fue exportada a varios países[1]. Por aquellos años también comenzaba

---

1. *Los sin nombre* fue producida por Filmax, productora y distribuidora clave en las carreras de Jaume Balagueró y Paco Plaza, y en la evolución del terror en España desde finales del siglo XX. Entre otras, ha producido *Darkness*

su andadura el *partner in crime* de Balagueró en la exitosa e influyente franquicia [*Rec*], el valenciano Paco Plaza, director de referencia hoy en día en el terror contemporáneo con títulos como *Verónica* (2017), *La abuela* (2021) o *Hermana muerte* (2023)[2].

Fresnadillo, Balagueró y Plaza siguieron la ruta habitual en aquellos tiempos: realizas unos cortos, ganas premios en el circuito de festivales, llamas la atención de productoras y, con mucho esfuerzo y trabajo, te lanzas hacia el mundo del largometraje. Pero esto no siempre sucede así. A menudo hay cortos, premios, y reconocimiento crítico, pero los largometrajes no terminan nunca de llegar, o tardan mucho. Estos premios y su correspondiente visibilidad pueden ser flor de un día para posteriormente pasar al (casi)-anonimato y no trascender más allá de los circuitos cinéfilos. Lean esta lista: Ana Martínez, Gustavo Salmerón, Rafa Russo, Daniel Guzmán, Alberto Ruiz Rojo, José Javier Rodríguez Melcón, Salvador Gómez Cuenca, Abdelatif Hwidar, Isabel de Ocampo, Mateo Gil, María Reyes Arias, Fernando Trullols, Esteban Crespo, Gaizka Urresti, Patricia Font, José Luis Montesinos, Juanjo Giménez, Rodrigo Sorogoyen, Carlota Pereda, Irene Moray y Javier Marco Rico. Son los ganadores del Goya a Mejor Cortometraje de Ficción desde el año 2000.

Cuatro de estos nombres son conocidos para el gran público: Salmerón, pero más por su labor como actor en películas como *Mensaka* (Salvador García Ruiz, 1997) o *Asfalto* (Daniel Calparsoro, 1999); Gil, establecido director y guionista que comenzara sus pasos de la mano de

(Jaume Balagueró, 2002), *El segundo nombre* (Paco Plaza, 2002), *Romasanta, la caza de la bestia* (Paco Plaza, 2004), *Frágiles* (Jaume Balagueró, 2005), *La monja* (Luis de la Madrid, 2005), la saga [*Rec*] o *Mientras duermes* (Jaume Balagueró, 2011).

2.   [*Rec*] es la franquicia de mayor éxito a nivel internacional de la historia del cine español. De manera combinada, las cuatro entregas han recaudado 67,2 millones de dólares en los mercados globales (Box-Office Mojo), casi cuatro veces más que en España, con un total de 16,7 millones de euros según datos del ICAA.

Amenábar con películas como *Tesis* o *Abre los ojos* (Alejandro Amenábar, 1997) para luego dar el salto a la dirección con filmes como *Nadie conoce a nadie* (1999) o *Proyecto Lázaro* (2017); Sorogoyen, guionista y director de algunos de los *thrillers* con mejor acabado del cine español reciente como *Que Dios nos perdone* (2016) y *El reino* (2018), *As bestas* (2022) o la celebradísima serie *Antidisburbios* (2020); y, finalmente, Pereda, que acaba de estrenar el *slasher Cerdita* (2022), basado en su propio cortometraje. El caso de Sorogoyen es, además, especial: no en vano es un director ya reconocido que decide realizar en 2017 el cortometraje *Madre*. Posteriormente, recicla tal obra para tornarla largometraje dos años después. Indudablemente, su consecución del Goya, la infinidad de premios y su nominación al Óscar ayudaron a que pudiese dar el paso de corto a largo. También es verdad que *ya era* Sorogoyen,

La mayoría de los mencionados cineastas continúan siendo grandes desconocidos para el gran público y buena parte de la cinefilia española. Algunos han hecho carrera en otros ámbitos, por ejemplo, Russo, como guionista, o Guzmán y Hwidar como actores. Otros tienen una larga trayectoria en la dirección de ficción televisiva, como Ruiz-Rojo, o en el departamento de cámara en diferentes películas y series como Gómez Cuenca. Algunos han debutado en la realización de largometrajes más de diez años después de obtener su Goya y no han hecho más; ese es el caso de Rodríguez Melcón. Otros han tardado varios años en poder producir un largo, como Crespo, que a pesar de que ganó un Goya en 2012, se demoró un lustro en dar el salto al largometraje con *Amar* (2017) y, más tarde, *Black Beach* (2020). Por tanto, tuvo que esperar cinco años para poder producir su primer largo.

En otras palabras: el mundo del cine español no es nada fácil. Muy pocos llegan y muchos menos se quedan como primeros espadas, aunque puedan tener una carrera destacable en otras facetas del audiovisual.

Como apuntábamos anteriormente, para entender el cine español de comienzos del siglo XXI es necesario mirar hacia dentro, pero, sobre todo, hacia fuera. De hecho, en el siglo XXI, con la excepción de *Aquel no era yo* (Esteban Crespo, 2013), *Timecode* (2016) de Juanjo Giménez, ganador también en el Festival de Cannes, y *Madre* (Rodrigo Sorogoyen, 2017), el resto de los cortometrajes españoles nominados a Mejor Cortometraje de Ficción en los Óscar no fueron ni siquiera nominados a los Goya. Este es el caso de *7.35 de la mañana*, de Vigalondo (2004), *Éramos pocos*, de Cobeaga (2006) y *Binta y la gran idea*, de Javier Fesser (2006). Curiosa y sorprendentemente, son cortometrajes realizados por tres de los creadores audiovisuales españoles más aclamados internacionalmente. Nos llama también la atención la ausencia en la lista de creadores multipremiados internacionalmente como Chema García Ibarra, cronista afilado de un costumbrismo de barrio con toques ufológicos y que debutó en 2021 con su primer largo *Espíritu Sagrado* (2021). Tampoco aparece en la lista Koldo Serra, cuyo filme *El tren de la bruja* (2003) ganó prestigiosos premios, entre ellos el galardón a Mejor Cortometraje en el Festival de Sitges. Otro ejemplo, en aquellos terribles días pandémicos de confinamiento, el gran *hit* español en Netflix fue *El hoyo* (Galder Gaztelu-Urrutia, 2019). En España, pasó sin pena ni gloria entre la crítica y los diferentes certámenes de premios. Es obvio el prejuicio existente en el *statu quo* hacia el cine fantástico y (de) terror: una lacra que continúa hoy en día.

Para entender a la nueva generación de cineastas de este siglo, es necesario señalar que muchos de ellos encuentran como hábitat natural los espacios internacionales donde se mueven como peces en el agua, desde el Festival de Clemont-Ferrand a Sundance y su *alter ego* más alternativo Slamdance, o el Fantastic Fest de Austin, sin despreciar eventos españoles dedicados específicamente al cortometraje como el Festival de Cine de Alcalá de Henares (Alcine), la Semana de Cine de Medina del Campo, el Festival Internacional de Cine Documental y Cortometraje de Bilbao (Zinebi) o el Festival de Cine de Aguilar De Campoo, o citas claves en el panorama patrio como el Festival de San Sebastián, la Semana Internacional de Cine de Valladolid (Seminci), el Festival de Sitges o el Festival de Málaga, entre otros. Así, estos cineastas se abren camino en la industria nacional pero también miran hacia el exterior. Por primera vez el cortometraje *puede ser* (aunque casi nunca termine siéndolo) un camino que abre las puertas de la (co)producción internacional, e incluso, de Hollywood (Ripollés Iranzo, 2016).

En los años 2000 hay un aumento considerable en la producción de cortometrajes (Yáñez, 2010a), aunque es necesario apuntar que la mayoría de ellos no están inscritos en la base de datos oficial del ICAA y, por ende, es extremadamente difícil cuantificar de manera sistemática cuántos cortometrajes se producen exactamente (Alvarado, 2016). Hay un factor determinante en este aumento: la tecnología cambia y el mundo digital entra de lleno en nuestros hogares, y también, en la lógica de la producción y distribución de cortometrajes. Este hecho abarata los costes de producción y abre una ventana de comunicación directa con el público. Cualquier creador puede diseñar su porfolio *online* a modo de tarjeta de presentación. Así Internet se torna campo de pruebas para diferentes creadores que ansían experimentar con nuevos formatos para alcanzar a diferentes segmentos de la población (Carreras, 2010). Por una parte, el uso de la tecnología digital sirve como catalizador para la exploración creativa de nuevas formas de contar historias; por otra, lo digital posee una inmediatez en términos de producción que permite el acceso de nuevos creadores a los medios económicos necesarios para realizar cortometrajes (Reviriego, 2010).

Además, llegan festivales nativos digitales como el Notodofilmfest, cantera y parada clave de cualquier nuevo cineasta que quiera labrarse un futuro o, simplemente, plasmar ideas en formatos de duración reducida (De Julián, 2016). El Notodofilmfest crece exponencialmente en los 2000. En el año 2009, el festival ya había tenido más de 6.000 piezas a concurso, de varias de decenas de países (Carreras, 2010). Todas deben además estar subtituladas en inglés lo que demuestra su vocación eminentemente transnacional. Insistimos: los cortos españoles miran hacia dentro, pero, sobre todo, hacia fuera. Por tanto, el Notodofilmfest se constituyó en "el escaparate de una cantera profesional de estas micronarrativas audiovisuales, auténtico género *mainstream* del siglo XXI"

(Álvarez, 2010, p. 127). Entre los ganadores del Notodofilmfest se encuentran realizadores de gran prestigio internacional hoy en día, como por ejemplo Vigalondo, Elías León Siminiani, Daniel Sánchez Arévalo, Rodrigo Cortés o Víctor Moreno. Vigalondo es precisamente un "hijo aventajado" del tal foro con su trilogía de ciencia ficción *Código 7* (2002). A esta película, llegaremos más tarde. No es casualidad, una vez más, que entre esta nómina de cineastas con una carrera cinematográfica ya asentada no haya ninguna mujer.

En los años 2000, sangre nueva fluye con más fuerza que nunca en el cine español. A principios de la década, los directores noveles eran responsables del 40% de la producción anual, una cifra ya considerable; al llegar al final de la década, este número alcanza a más del 50% (Carmena, 2010). El mundo del cortometraje será el gran trampolín para la mayoría de estos cineastas. La industria cinematográfica española depende en gran medida de una delicada balanza entre las subvenciones públicas tanto nacionales como regionales y las inversiones privadas. Para acceder a tales subvenciones o ayudas, los creadores han seguido un camino específico: fundar sus propias productoras para poder controlar la mayor parte de los procesos de creación.[3] De hecho, la única vía de amortización de los cortometrajes es su presencia en festivales y

---

3. Para Luis Deltell (2006) este hecho lleva a que el director/guionista se torne fundamentalmente en productor, lo que propicia que no haya una auténtica cantera de productores y guionistas en España. Aunque esta afirmación, en parte, puede ser válida, también es cierto que, como apuntan otros autores como Yáñez (2010b), en la España de los 2000 hubo una serie de productoras especializadas en la realización de cortos como Arsénico PC, Lolita Films, La Fiesta o Koldo Zuazua PC. Koldo Zuazua, por ejemplo, se ha convertido en uno de los productores más importantes del cine español. Recientemente, produjo *Maixabel* (Icíar Bollaín, 2021) o *Akelarre* (Pablo Agüero, 2020). También fue productor ejecutivo de *Handia* (Aitor Arregui y Jon Garaño, 2017) u *Ocho apellidos vascos* (Emilio Martínez Lázaro, 2014), entre otras muchas.

la obtención de premios (Yáñez, 2010a; Vega de Unceta, 2018).[4] De este modo, en los 2000, el 63,8% de los cortos que obtienen ayudas públicas del ICAA se realizan mediante empresa productora constituida por los propios creadores (Yáñez, 2010a).

De esta necesidad, nació Arsénico PC, compañía afincada en Madrid que aunó los esfuerzos de Cobeaga, Ipiña, Vigalondo, Serra y Borja Crespo. Ipiña destaca al respecto: "estábamos haciendo cortos para otras productoras, rotando cargos, y creamos una productora para poder obtener ayudas del ICAA y diferentes gobiernos regionales. Además, hacíamos cortos y no eran productos nuestros así que pensamos en organizarnos y crear Arsénico PC para controlar de manera más orgánica lo que realizábamos" (Ipiña, 2022). En el libro *El cortometraje español en 100 nombres*, Beatriz Navas (2010), escribía en su entrada sobre Arsénico PC:

> Aquel memorable verano de 2002, nos encontramos en Madrid varios grupos de veinteañeros que irremediablemente queríamos hacer cine. Algunos, sobre todo Eugenio Mira, César Velasco y Nacho Vigalondo, eran como supernovas que arrojaban grandes cantidades de rayos gamma y rayos X en su espacio circundante, y de su choque emergió el hechizo y la alegría del encuentro. En este nuevo y estimulante cosmos de celebración perpetua, en el que no había conflicto que no se solucionara en un karaoke, la galaxia Arsénico fue materializándose con el pulsar Nahikari Ipiña como la estrella de neutrones guía. En torno a ella rotaban el planeta costumbrista de Borja Cobeaga, el planeta *exploitation* de Koldo Serra y los planetas trágico-cuánticos paralelos de Nacho Vigalondo. Borja Crespo, que ya tenía miles de amigos antes de que apareciera Facebook, operaba como el atajo, o agujero de gusano, a la vasta dimensión de los contactos. Los cinco compartían una visión sin complejos de sus ambiciones cinematográficas, una capacidad inagotable de trabajo y el poder de convicción para sacar adelante los proyectos. Aún lo

---

4. Como apunta Mariano González (2016), a finales de la década de los 2000 había más de 240 cortometrajes registrados oficialmente en la base de datos del ICAA. Este número se redujo hasta 80 en 2011 y, de manera exponencial, hasta 36 en 2012. Un dato que pone en claro el enorme impacto de la crisis económica en las industrias culturales españolas.

comparten y además, su generoso apoyo a exploradores de otros horizontes como Velasco Broca y Alberto González, y que nunca se les haya ido la fuerza por la boca, les ha engrandecido.

Arsénico PC produciría los cortometrajes *La primera vez* de Cobeaga, *Snuff 2000* de Crespo, *El tren de la bruja* de Serra y *Choque* y *Domingo* de Vigalondo, además de los trabajos de otros cineastas, como *Cirugía* de Alberto González y *Avant Pétalos Grillados* de Velasco Broca. Según Ipiña, fue precisamente en el corto de Crespo, *Snuff 2000* donde coincidieron trabajando juntos como una "cuadrilla recién llegada que se repartía tareas, colaboraba en proyectos mutuos y confluía con otros grupos, donde se encontraban también Eugenio Mira y Manu Sánchez, de *Los Punsetes*" (2022). Más tarde, Arsénico PC se lanzaría a la coproducción de largometrajes; *Los cronocrímenes* (2007) de Vigalondo fue su primera gran apuesta. Posteriormente, y ya mutada en Sayaka Producciones también coproduciría los dos primeros largometrajes de Cobeaga, *Pagafantas* (2009) y *No controles* (2010), y el segundo esfuerzo de Vigalondo, *Extraterreste* (2011). En todos ellos intervino en facetas de producción la "estrella de neutrones guía" Ipiña. Simultáneamente, Sayaka también se ha embarcado en proyectos transnacionales, produciendo el segmento "A is for Apocalypse" dirigido por Vigalondo, dentro de *The ABC's of Death* (2012), filme que cuenta con la intervención de 26 de los directores más destacados del terror contemporáneo. Recientemente, Sayaka ha coproducido *Cinco lobitos* (Alauda Ruiz de Azúa, 2022), película estrenada en la selección Panorama de la Berlinale, y ganadora del Premio del Festival de Málaga a Mejor Película Española y Mejor Interpretación Femenina (compartida por Laia Costa y Susi Sánchez). Con gran éxito de taquilla y una apabullante recepción crítica, la película de Ruiz de Azúa e Ipiña se configura como una de las obras claves de la década en el cine español. De hecho, obtuvo los Premios Goya a Mejor Dirección Novel para Alauda Ruiz de Azúa, Mejor Actriz Protagonista para Laia Costa y Mejor Actriz de Reparto para Susi Sánchez. Con anterioridad, Ipiña ha intervenido en todos los largometrajes de Vigalondo, así como los dos últimos filmes de Serra, *70 binladens* (2019) y *Gernika* (2016). Ipiña ha seguido al frente de Sayaka, vertebrando su actividad también hacia el ámbito televisivo casi siempre como productora ejecutiva de series como *El fin de la comedia* (2014-2017, Comedy Central) o *El vecino* (2019, Netflix), *No me gusta conducir* (2022, TNT) y programas de entretenimiento como *Vigalondo Midnight Madness* (2020-2021, TCM).

Es útil, por ahora, dejar a un lado las listas y mirar los números y los datos. Porque estos también cuentan historias. Destacamos, por tanto, los cortometrajes y largometrajes dirigidos y/o escritos por Cobeaga y Vigalondo y producidos parcial o totalmente por Ipiña desde 2001 a 2016, a modo de breve cronología de estos tres personajes relevantes del panorama cinematográfico español. En el caso de los largometrajes se incluye también una columna con sus datos de taquilla tanto a nivel nacional como internacional. Finalmente, también incluimos los premios más destacados que han obtenido sus diferentes obras. Separamos estos datos en dos tablas diferentes para facilitar la lectura. Todos los datos de taquilla española han sido extraídos de la página oficial del ICAA; los datos de taquilla internacional se han obtenido de Box-Office Mojo.

La primera tabla está dedicada a Cobeaga e Ipiña, la segunda a Vigalondo e Ipiña.

Tabla 1: *películas dirigidas y/o escritas por Borja Cobeaga*

Película	Recaudación	Premios Relevantes	Nakihari Ipiña
La primera vez (2001)		Nominación Goya a Mejor Cortometraje de Ficción; Mejor Cortometraje, Festival Internacional de Gijón	X

Éramos pocos (2005)		Nominación al Óscar a Mejor Cortometraje de Ficción; Mejor Cortometraje, Festival de Alcalá de Henares	X
Limoncello (2007), segmento "Río Puerco"			Coproductora
Pagafantas (2009)	2 millones de euros; 344.000 espectadores	Mejor Guionista Novel, Festival de Málaga; Nominado Mejor Director Novel en los Goya	Productora Ejecutiva
Un novio de mierda (2010)			X
No controles (2010)	651.000€; 102.000 espectadores	Premio del Público, Festival de Cine Español de Nantes	Coproductora
Amigos (2011), solo guionista	2 millones de euros; 318.000 espectadores		X
Democracia (2013), solo director		Mejor Cortometraje, Festival de Cine de Zaragoza	Productora

Negociador (2014)	197.000€; 34.000 espectadores	Mejor Película, Premios Feroz; Mejor Película Vasca, Festival de San Sebastián; Nominado a Mejor Guion Original en los Goya	Productora Ejecutiva
Ocho apellidos vascos (2014), solo guionista	9,4 millones de euros; 56,3 millones de espectadores; 57,2 millones de euros (total)	Mejor Comedia, Premios Feroz; Premio del Público, Fotogramas de Plata	X
Ocho apellidos catalanes (2015), solo guionista	35,4 millones de euros; 5,7 millones de espectadores; 35,4 millones de euros (total)	Premio del Público, Fotogramas de Plata	X

Tabla 2: *películas dirigidas y/o escritas por Nacho Vigalondo*

Película	Recaudación	Premios Relevantes	Nakihari Ipiña
Código 7 (2002)			
7:35 de la mañana (2003)		Nominación al Óscar a Mejor Cortometraje de Ficción; Premio Mejor Cortometraje en Cinema Jove	Jefa de Producción

Pornografía (2003), solo guion			Productora Asociada
El tren de la bruja (2005), idea original		Mejor Cortometraje en el Festival de Sitges	
Choque (2005)			Productora
Domingo (2007)			Productora Ejecutiva
Cháchara (2007)			X
Los cronocrímenes (2007)	271.000€; 48.000 espectadores (nacional); 553.000 $ (total)	Mejor Película en el Fantastic Fest de Austin	Productora Asociada
Cambiar el mundo (2007)			
El encargado (2008), historia original			
Marisa (2009)		Mejor Montaje y Mejor Banda Sonora, Festival de Cine de Zaragoza	Productora

Extraterrestre (2011)	166.000€; 26.000 espectadores (nacional); 266.000$ (total)	Premio Cineuropa en el Festival de Cinema Europeen des Arcs	Productora Ejecutiva
The ABCs of Death (2012), segmento "A for Apocalypse"	21.000$ (total)	Nominada Mejor Película, Chicago International Film Festival	Productora
Carlota (2014)			Productora
Open Windows (2014)	326.000€, 58.000 espectadores (nacional); 550.000 $ (total)		Productora Ejecutiva
Salón de belleza (2014)			
V/H/S Viral (2014), segmento "Parallel Monsters"		82.000$ (total)	Productora
Colossal (2016)	116.000€, 20.000 espectadores (nacional); 4,5 millones de dólares (total)		Productora

De los datos anteriores se pueden sacar varias conclusiones:

1. Aunque Cobeaga y Vigalondo participan en las productoras Arsénico PC y Sayaka Producciones, más allá del ocasional cameo, sus trayectorias cinematográficas han discurrido en paralelo, pero nunca colaborando directamente en la dirección o escritura de guiones.

2. Tanto Cobeaga como Vigalondo escriben y dirigen sus películas. Ocasionalmente, colaboran con otros directores como Koldo Serra o Emilio Martín-Lázaro, escribiendo guiones.

3. Ninguna de las películas dirigidas por Cobeaga o Vigalondo ha sido un gran éxito de taquilla, aunque ocasionalmente han obtenido excelentes resultados, como Cobeaga con *Pagafantas*. Ninguno de los largometrajes dirigidos por Vigalondo ha superado los 350.000 espectadores en España.

4. Los largometrajes de mayor éxito en los que ha participado Cobeaga son *Ocho apellidos vascos* y *Ocho apellidos catalanes*, coescritos con su colaborador habitual Diego San José. De hecho, son las dos películas más taquilleras en la historia del cine español.

5. Los largometrajes de Vigalondo son más exportables que los de Cobeaga. Esto se debe, en gran medida, a que Vigalondo opera en el ámbito del cine fantástico—terror y/o ciencia ficción— mientras que Cobeaga trabaja fundamentalmente dentro de los límites de la comedia o la comedia dramática.

6. Los filmes de Cobeaga y, especialmente, Vigalondo han recibido más premios en certámenes internacionales que nacionales. Pocos son profetas en su tierra.

7. Ipiña ha sido una presencia constante en la trayectoria de los dos cineastas, especialmente en lo que se refiere a su salto del cortometraje al largometraje, ocupando diferentes facetas de producción en los tres primeros largos de Cobeaga y en todos los de Vigalondo, incluido su más reciente filme en lengua inglesa *Colossal* (2016).

8. Pese a haberse posicionado como figuras relevantes en el panorama cinematográfico español, ni Cobeaga ni Vigalondo han renunciado a la realización de cortometrajes. Aunque va más allá de este estudio, ambos creadores también han intervenido en el panorama televisivo. Cobeaga dirigió, por ejemplo, tres capítulos de la serie *Vamos Juan* (2020), creada por San José y tres más de la comedia *Justo antes de Cristo* (2019). Acaba de estrenar *No me gusta conducir* (2022), serie que ha creado; Vigalondo, por su parte, también dirigió tres capítulos de *Justo antes de Cristo*, dos de la serie *El vecino* (2019) y tres de *Nuestra bandera significa muerte* (2022).

9. Vigalondo, también de la mano de Ipiña, ha colaborado en dos producciones internacionales de cine de terror; Cobeaga ha trabajado únicamente en el ámbito del cine nacional.

10. Aunque ambos han continuado trabajando para su productora, Sayaka, en sus largometrajes se han aliado con trasatlánticos de la industria patria como Atresmedia Cine para poder llevar a cabo sus proyectos. Tal es el caso de *Extraterrestre*, que cuenta con la participación de la mencionada empresa y también de Apaches Entertainment, o *Pagafantas* con la participación de Atresmedia Cine y Telespan, además de Sayaka. En otras palabras, para hacer un cine con un mínimo recorrido comercial en España es necesario aliarse con corporaciones de los medios con el fin de obtener más financiación y, potencialmente, mayor visibilidad en el espectro mediático.

11. No es ninguna novedad afirmar que el público español tiene preferencia por el cine de género, particularmente la comedia, el *thriller* y el fantástico, si atendemos a las películas más taquilleras año tras año, por eso sorprende que, siendo Cobeaga y Vigalondo dos cineastas que apuestan claramente por el cine de género, no encuentren mayor aceptación entre el público patrio; por contextualizar a estos directores entre sus *primus inter pares,*

echemos un vistazo a las películas españolas más taquilleras de los años en los que ambos directores estrenaron sus respectivos largos:

- 2007: Vigalondo llega a las pantallas con *Los cronocrímenes,* pero Juan Antonio Bayona estrena su primera película, que se convierte en un *megahit*: *El orfanato*—25 millones de euros de recaudación y 4,4 millones de espectadores.

- 2009: Cobeaga se lanza al largo con *Pagafantas* el mismo año que Amenábar presenta su péplum feminista *Ágora,* que se hace con 21,3 millones de euros y 3,5 millones de espectadores.

- 2010: Cobeaga estrena su película *sophomore No controles*, pero el público español se decanta por otra comedia, *Que se mueran los feos* (Nacho G. Velilla) que consigue 6,2 millones de euros de recaudación y 1 millón de espectadores.

- 2011: Vigalondo se desmarca con *Extraterrestre,* pero esa apisonadora que es la franquicia *Torrente* arrasa con su cuarta entrega: *Torrente 4. Lethal Crisis* (Santiago Segura): 19,3 millones de euros en taquilla y 2,6 millones de espectadores.

- 2014: Cobeaga se convierte en el guionista de la película más taquillera de la historia del cine español con *Ocho apellidos vascos*, dirigida por Martínez Lázaro— 56 millones de euros de recaudación y 9,4 millones de espectadores— el mismo año en el que estrena su tercer largometraje, *Negociador.* Vigalondo sufre la misma suerte con *Open Windows*—pero sin escribir la película más taquillera de la historia del cine español.

- 2017: aunque producida en 2016, *Colossal* no llegó a las pantallas españolas hasta el año siguiente, año en el que la animación española se hizo con un enorme éxito gracias a *Tadeo Jones 2. El secreto del Rey Midas,* que obtuvo 17,5 millones de euros de recaudación y 3 millones de espectadores.

Ahora es necesario apartar a un lado los datos y analizar cuál ha sido la recepción crítica de los trabajos más destacados de estos cineastas. Aunque la crítica cinematográfica es cada vez menos relevante para moldear la opinión pública y dictar los gustos y prácticas de los consumidores, hacer un breve recorrido por algunas de las opiniones vertidas sobre estas películas sí nos puede ayudar a definir su estatus en el panorama de los medios contemporáneos

LOS CRÍTICOS DICEN...

Ya se sabe que cada uno cuenta la fiesta según le fue: esta premisa, traducido a la crítica cinematográfica, significa que, dependiendo del medio, ya sea este especializado, generalista, de marcado carácter cinéfilo o más tendente a valorar el cine popular, el juicio crítico sobre una misma película varía de una publicación a otra. Por eso, para hacer un análisis mínimamente sistemático de la recepción crítica de los largos de Vigalondo y Cobeaga vamos a fijarnos en medios generalistas— periódicos —, revistas especializada— *Dirigido Por* y *Cahiers du Cinema. España/Caimán. Cuadernos de cine* (la quinta esencia de la cinefilia española) y aquellos medios que combinan información y crítica cinematográfica, con una visión plural sobre el medio— *Cinemanía* y *Fotogramas*—, teniendo en cuenta que esta es sólo una mínima muestra de todos aquellos medios en los que se escribe sobre cine en España.

A *Los cronocrímenes* no le sirvió de mucho su reconocimiento transnacional— que se estrenase y ganase el Premio a la Mejor Película en el Fantastic Fest de Austin, el mayor festival especializado en género fantástico de Estados Unidos— entre los críticos españoles, que la definieron con ese tipo de frases tales como "no es una película perfecta, pero..." que no dejan muy claro si la cinta les interesó o no, aunque destacaron su originalidad e inteligencia. En su vertiente más crítica, hubo quién consideró que funcionaba mejor como videojuego que como película. *Extraterrestre* fue definida por el *The Hollywood Reporter* como "una comedia costumbrista sexy y divertida ambientada en esa parte del set que todo el mundo ignora de una película de género de alto presupuesto" (2011). Igual que *Los cronocrímenes*, *Extraterrestre* encontró su estreno mundial en un festival internacional: Toronto. Con esta entrega, los críticos fueron menos crípticos: Manuel Piñón en *Cinemanía*, la definió como una obra maestra (2011). Jordi Costa, en *Fotogramas*, le dio cuatro estrellas sobre cinco (2011) y Gonzalo de Pedro, en *Cahiers du Cinema. España*, localizó inteligentemente a Vigalondo como un *rara avis* en el panorama cinematográfico español "ni decididamente *mainstream*, ni suficientemente *outsider*" y alabó la película por su capacidad para abrir múltiples líneas de pensamiento (2008, p.17). Como de costumbre, hubo críticos que tuvieron que acudir a Azcona para justificar una valoración positiva sobre la película— ¿qué será que tienen los críticos españoles que cada vez que quieren defender una comedia acuden a los "géneros de calidad" tales como el esperpento o el costumbrismo? Y, por último, hubo quién la definió como "puro metalenguaje" (en el peor sentido de la palabra): el resultado de una idea estupenda con un desarrollo desastroso. Al menos, todos aquellos que la criticaron negativamente tuvieron en cuenta lo limitado de su presupuesto. Por último, *Colossal* fue celebrada, en términos generales, por la crítica nacional como una película original, madura, coherente, atrevida y sofisticada, hubo incluso quien defendió la necesidad de reivindicar lo "vigalondiano" como ismo fílmico patrio (en líneas similares a lo "berlanguiano"). Según palabras de Daniel G. Aparicio en *Cinemanía*, Vigalondo consiguió "dar con el punto exacto entre la intimidad y personalidad del cine *indie* estadounidense y el entretenimiento explosivo de los *blockbusters* palomiteros" (2017).

Cobeaga suscitó reacciones contrapuestas con *Pagafantas*. Su valoración crítica osciló entre quién la definió como una "película extraordinaria" (Costa, 2009) o "un filme meridianamente efectivo" (Torreiro, 2009), pasando por quién la despreció por considerar que no era más que un mero *gag* televisivo alargado para llegar a largometraje (Monterrubio, 2009). La misma crítica despectiva de *sketch* alargado para ser película recibió su segundo largometraje, *No controles,* entre algunos de los ínclitos críticos de cabecera de los diarios de tirada nacional. Javier Ocaña consideró que la película estaba armada "a imagen de un *sketch* de programa de televisión semanal fabricado a toda prisa, con poco gusto y no demasiados medios" (2011) (no es el propósito de este libro analizar por qué la comparación con el medio televisión se sigue utilizando de manera despectiva, pero lo cierto es que sigue sucediendo) y, a la película, en términos generales, se la consideró como eficaz, pero simple perpetuadora de los códigos de la comedia romántica clásica sin capacidad para subvertirlos, más preocupada por hacer buenos números en la taquilla que por "pasar a la historia" y muy por debajo de su *opera prima*. Por el contrario, *Negociador* fue calificada como una obra histórica para el cine y la sociedad española— curiosamente, por el mismo crítico que despreció *No controles* como mero *sketch* televisivo alargado— al ser la primera comedia sobre el terrorismo realizada en España. Volviendo a Ocaña: "una obra que no busca la risa siempre y a toda costa, aunque encuentre incluso la carcajada, sino un humor doliente, negrísimo, brillante, trágico y atroz, alrededor de la deformación del lenguaje, de las miserias de la reciente historia del País Vasco, de las miserias del género humano" (2015). En la misma línea, los críticos ensalzaron su capacidad para tratar un asunto de semejante relevancia con sutileza, valentía, perspicacia y brillantez, por ser una admirable incorrección enmarcada dentro de ese ¿género? ¿tendencia? ¿estilo narrativo? que es el "posthumor". Por último, para terminar con la revisión crítica de nuestro segundo protagonista, la recepción de *Fe de etarras* fue también positiva, haciendo hincapié, de nuevo, en lo riguroso y valiente de los planteamientos del filme, de su capacidad de abordar uno de los episodios más controvertidos de la historia contemporánea de

España desde un humor serio y consciente que no recurre a la broma fácil ni intenta convertirse en un panfleto demagógico. *Cinemanía* la definió como "una película grande por el riesgo de su propuesta" (2017), Álex Montoya de *Fotogramas,* consideró que su gran fuerza residía en el guion (2017), y Costa, en *El País,* la categorizó como "una comedia inteligente, sensible y humana" (2017).

Teniendo en cuenta todo lo anterior, creemos necesario estudiar la obra de ambos directores con más detalle, trazando aquellos tropos y características estilísticas que nos permitan entender a dos de los autores más originales del panorama cinematográfico español contemporáneo. Como hemos visto, despiertan reacciones contrapuestas entre la opinión pública, y siguen luchando por encontrar esa aceptación mayoritaria entre el público patrio.

Capítulo 2
Borja Cobeaga: cine de autónomo

DE DIOSES Y HOMBRES (O CASI)

Mucho antes de que la nueva comedia romántica norteamericana pusiera en crisis la masculinidad hegemónica con películas como *Virgen a los cuarenta* (Jude Apatow, 2005), subgénero que Tamar Jeffers McDonald ha denominado *homme-com* (2013, pp. 217-235), Borja Cobeaga ponía patas arriba los códigos de uno de los géneros más estables del cine de Hollywood: la comedia romántica, que tuvo su particular renacer en la década de 1990 (Abbott and Jermyn, 2009, pp.1-8), con uno de los cortos más subversivos que ha dado el cine español contemporáneo, que era, al mismo tiempo, su primera incursión en el mundo del celuloide: *La primera vez* (2001). En este deslate de 12 minutos ya se encuentra el germen de muchos de los tropos narrativos y estilísticos que Cobeaga ha desarrollado durante su carrera. Pero no adelantemos acontecimientos.

Cobeaga pertenece a esa generación de cineastas que empezaron a trabajar en la década de los 2000 y que llevó la renovación del cine español acontecida durante la década de 1990 al siguiente nivel. La generación de los 90, como señala Carlos Heredero, renovó la cinematografía patria rechazando tanto el realismo social del Nuevo Cine español de la década de 1960 como el "cine de autor de calidad" de los años 80, así como la alta cultura, ya fueran las novelas en las que basar las películas o los referentes fílmicos de la modernidad cinematográfica europea. Dicha renovación se llevó a cabo recuperando el cine de género, mezclando formatos, uniendo sin prejuicios las fórmulas del cine de Hollywood con los géneros patrios y utilizando las estrategias propias del cine posmoderno: la intertextualidad, la hibridación y la autorreflexividad, todo ello ya presente en el cine de Pedro Almodóvar desde su debut en 1980

Pepi, Luci, Bom y otras chicas del montón, hecho que la crítica española parece que no acaba de reconocérselo al director manchego; Heredero argumenta que una de las razones que explica el cine realizado por la generación de los 90 es que sus autores estaban formados en el mundo del audiovisual, lo que les permitía incorporar los códigos de la publicidad, la televisión, el cómic, el videoclip, el diseño y otras expresiones de la cultura popular. Del mismo modo, la generación de los 90 buscaba el favor del público y hacía un cine orientado a la taquilla; por tanto, Heredero considera que son "cineastas-autores": una generación de cineastas que quiere alcanzar un público mayoritario al mismo tiempo que mantener su propio universo temático y visual. Por ende, entienden el cine en su doble naturaleza artística y comercial (1997).[5]

No obstante, la generación de los 90, en su mayor medida, siguió las fórmulas tradicionales de producción que el cine español venía utilizando: por un lado, grababan en celuloide, lo que requería una producción profesional; por otro lado, casi todos los debuts de dicha generación vinieron apoyados, en mayor o menor medida, por productores consagrados del cine español: Ricard Figueras produjo *Demasiado viejo para morir joven* (Isabel Coixet, 1989), Fernando Trueba actuó como productor asociado en *Alas de mariposa* (Juanma Bajo Ulloa, 1991), El Deseo produjo *Acción Mutante* (Álex de la Iglesia, 1993), Andrés Vicente Gómez, *Torrente* (Santiago Segura, 1998) y José Luis Cuerda, *Tesis* (Alejandro Amenábar, 1996), por nombrar algunos de los ejemplos más significativos. Del mismo modo, la mayor parte de estos directores han conseguido mantener una carrera estable, excepto en el caso de esa *rara avis* del cine español que es Bajo Ulloa y, como es frecuente, en el caso de las directoras; Coixet tardó casi una década en poder volver a rodar y tuvo que marcharse a Estados Unidos, pese al éxito de crítica de su *ópera*

---

5. Heredero incluye a los siguientes cineastas nacidos entre 1950 y 1970: Juanma Bajo Ulloa, Julio Medem, Enrique Urbizu, Álex de la Iglesia, Mariano Barroso, Icíar Bollaín, Daniel Calpasoro, Agustín Díaz Yanes, Alejandro Amenábar, Isabel Coixet, Fernando León de Aranoa o David Trueba

prima, que fue nominada al Goya a la Mejor Dirección Novel. Por su parte, Gutiérrez ha conseguido mantener una producción continuada gracias a que trabaja siempre con bajos presupuestos.

Por el contrario, como apuntábamos en la introducción, a la generación de los 2000 le costó dios y ayuda levantar sus primeros proyectos de largometraje, pese a haber obtenido un razonable éxito de público, crítico y de taquilla con sus cortometrajes. Por otro lado, trabajan en digital—lo que abarata los costes de producción y distribución enormemente—, tienden a tener mucha más proyección internacional que sus predecesores y a funcionar mejor en los mercados globales que en el nacional, y suelen utilizar formas de producción-colaboración colectiva en la que los propios directores se tornan en productores de sus propios trabajos y de trabajos ajenos y colaboran en diferentes facetas artísticas de los trabajos de sus compañeros: este es el caso de Cobeaga, Nacho Vigalondo, Koldo Serra, Borja Crespo y Nahikari Ipiña cuando montaron la empresa audiovisual Arsénico P.C, que produjo el primer corto de Vigalondo y luego, ya mutada en Sayaka Producciones, los dos primeros largos de Cobeaga: *Pagafantas* (2009) y *No controles* (2010). Cobeaga ha ejercido diferentes funciones en las cintas de sus colegas, principalmente con Vigalondo: actor en su primer corto, *7:35 de la mañana* (2003), asistente de dirección en *Choque* (2005) y productor ejecutivo en *Extraterrestre* (2011). Como cuenta Ipiña, pese a haber compartido aulas en la primera promoción de Comunicación Audiovisual de la Universidad del País Vasco, no empezaron a trabajar juntos hasta que llegaron a Madrid a principios de la década de los 2000 y fue en un corto de Crespo, *Snuff 2000* (2002), donde Serra era ayudante de dirección, Vigalondo actuaba y, para Ipiña, fue su primera incursión en la producción. Colaborar en proyectos surgió de una afinidad común sobre el cine que les gustaba y una sensibilidad compartida sobre el cine que querían hacer y, para ello, montaron Arsénico P.C. (Ipiña, 2022). Del mismo modo, Cobeaga es un director y guionista todoterreno que ha desarrollado su faceta de guionista en películas que no dirige él—*Amigos* (2011), *Ocho apellidos vascos* (2014), *Ocho apellidos catalanes* (2015) y *Superlópez* (2018)— y ha dirigido guiones de otros, *Democracia* (2013). No hay que olvidar tampoco que Cobeaga empezó su carrera como realizador de televisión, y no en cualquier programa, sino en los *realities* franquicia *Gran Hermano* (ediciones 2, 3 y 4, Telecinco, 2001-2003) y *Confianza ciega* (Antena 3, 2002), medio al que retorna con frecuencia: como se apuntó anteriormente, ha sido director de varios capítulos de *Vaya semanita* (ETB, 2003-presente), *Aupa Josu* (ETB, 2014), *Justo antes de Cristo* (Movistar +, 2019) y *Vamos Juan* (HBO, 2020).

Cobeaga, no obstante, se desmarca de estas características compartidas por sus compañeros de generación en una cuestión fundamental: su obra, como se ciñe a los códigos de la comedia –romántica y negra— está pensada, exclusivamente, para el mercado interno. El director vasco se encuentra a gusto explorando dos temas recurrentes: la reformulación de los códigos de la comedia romántica y las miserias del terrorismo vasco. En un contexto más amplio, podríamos decir que Cobeaga explora hasta sus últimas consecuencias la figura del *pagafantas*, ya sea en el ámbito del amor o en el ámbito de la política, pues todos sus personajes masculinos, son, en último término, una sucesión de pagafantas. Como señala el propio director: "*Pagafantas* habla de la mediocridad en lo sentimental y *Negociador* habla de la mediocridad en otros ámbitos. Justamente el tema en común que tienen mis películas es la mediocridad. Lo mezquino, lo torpe, lo cutre" (Cobeaga en Bermejo, 2016). En este sentido es como podemos contextualizar su trabajo como autor, en el sentido francés de la política de los autores, aunque él prefiera decir que hace cine de "autónomo" (Cobeaga en Caballero, 2020). En resumen, Cobeaga ha construido su particular universo temático buceando en todas las dimensiones de esta figura postmoderna que encarna el patetismo entendido como mediocridad: el pagafantas. Por eso, en este texto nos centraremos en aquellos trabajos escritos y dirigidos por Cobeaga, dejando en segundo plano aquellos en los que el donostiarra sólo dirige o escribe. Volvamos ahora a *La primera vez*.

Imagen 1. Gorka Otxoa, protagonista de *Pagafantas*

BIENVENIDO, MR. PAGAFANTAS

La primera vez, rodado en 35 mm, parte de un presupuesto sencillo, tanto en términos temáticos como económicos, al igual que el resto de los trabajos de Cobeaga, para romper las expectativas del espectador según va avanzando la trama. Como decíamos antes, en este primer trabajo se encuentra ya el germen de muchas de las cuestiones temáticas y estilísticas que Cobeaga desarrollará a lo largo de su carrera. El corto comienza cuando el joven Daniel (Aitor Beltrán) llama a la puerta de Begoña—una extraordinaria Mariví Bilbao— una mujer en la tercera edad que ha contratado sus servicios. Extrañando, aunque dispuesto, Daniel se prepara para "la faena", pero Begoña prefiere entrar en materia conversando, para conocerse un poco mejor y hacer que la transacción no sea tan fría. Según avanza la conversación descubrimos que Begoña es virgen y, teniendo en cuenta su avanzada edad, no quiere morirse siéndolo. Sin embargo, Daniel, cuya seguridad se ha ido desmoronando, no es capaz de llevar a buen término los servicios para los que ha sido contratado. Por tanto, *La primera vez* no sólo propone un tema controvertido -la prostitución masculina y el deseo femenino en la tercera edad— tratado con un finísimo humor y una exquisita sutileza, sino que desmonta los tradicionales roles masculinos y femeninos para empezar a indagar en esa figura que es el pagafantas: Daniel es incapaz de mantener relaciones sexuales con Begoña porque le invade la inseguridad de si será capaz de satisfacer su deseo y estar a la altura de las expectativas de Begoña en su primera vez. De este modo, Cobeaga empieza a explorar las posibilidades que ofrece la masculinidad frágil, insegura y fracasada. En este sentido, *La primera vez* comparte con las nuevas *sitcoms* británicas y norteamericanas que empiezan a desarrollarse a partir de la década de 1990, y Endika Rey ha denominado como "sitcom (auto)destructiva" (2011, p.170)[6], su voluntad de dinamitar los presupuestos de la comedia clásica en una tendencia más amplia en el campo cultural que Jordi Costa ha bautizado como "posthumor" (2010).Ya no hay capacidad de redención para la comedia, ya no es un género que nos salva de nosotros mismos: la comedia deja de hacernos sentir bien para ponernos frente a situaciones incomodísimas. Y no siempre nos hace reír. Como señalan Patricia Diego y María del Mar Grandío, esta renovación formal de la *sitcom* en los albores del siglo XXI no tuvo su correlación en la producción televisiva española, que mantuvo fórmulas tradicionales hasta la aparición de títulos como *La Hora Chanante* (Paramount Comedy, 2001-2006), *Muchachada Nui* (La 2: 2007-2010), *Museo Coconut* (Neox, 2010-2014), *Cámara Café* (Telecinco, 2005-2009) o *Qué vida más triste* (La Sexta, 2008-2010) (2011:50)[7], en la que trabajaron como

---

6.   Con títulos ya clásicos en el imaginario colectivo como *Seinfeld* (Larry David, NBC, 1989-1998), *Curb your Enthusiasm* (Larry David, HBO, 2000-), *The Office* (Ricky Gervais, BBC2, 2001-2003) y *Extras* (Ricky Gervais, BBC2/HBO, 2005-2007), por nombrar los más significativos.

7.   Las investigadoras señalan el éxito en España de dramedias y *sitcoms* tradicionales tales como *Los Serrano* (TV 5, 2003-2008), *Siete Vidas* (TV 5, 1999) o *Aída* TV 5, 2005).

realizadores y/o guionistas Vigalondo, Cobeaga, Diego San José – habitual colaborador de Cobeaga— y Borja Crespo. No obstante, se podría afirmar que la nueva *sitcom* británica y norteamericana sí encontró eco en La *primera vez*. En términos estilísticos, *La primera vez* presenta un estilo formal clásico, con una puesta en escena escueta que se pone al servicio de la narración – una sola localización, el piso donde vive Begoña— y una visualidad funcional en términos de iluminación, sonido, montaje y trabajo de cámara, puesta al servicio del diálogo y del trabajo actoral – predominio del plano/contraplano, de los planos de situación y uso de una sola cámara estática firmemente asentada sobre el trípode. El Cobeaga director parece esconderse detrás del Cobeaga guionista para dar relevancia a la historia y los actores frente a las veleidades autorales. Ya saben, cine de autónomo. Y, aun así, *La primera vez* ganó el premio al Mejor Cortometraje de Ficción en el Festival Internacional de Cine de Gijón— festival que ha descubierto los autores más arriesgados del panorama internacional al público patrio— y fue nominado al Goya al Mejor Cortometraje de Ficción.

Imagen 2. Borja Cobeaga y su equipo durante el rodaje del cortometraje *La primera vez*

Éramos pocos (2005) –coescrito junto a Sergio Barrejón y rodada también en 35mm— avanza en las cuestiones exploradas en *La primera vez*. De nuevo, la trama juega con las expectativas del espectador para resolverse en un giro inesperado que le da un nuevo significado a la historia. Joaquín –interpretado por un inconmensurable Ramón Barea, protagonista de *Negociador* (2014)— se despierta una mañana para descubrir que no encuentra sus zapatillas de andar por casa y que su mujer les ha abandonado a él y a su hijo Fernando, interpretado por Alejandro Tejería, que aparece también en trabajos de Vigalondo y Cobeaga- *Limoncello* (2007), *Democracia* y *Negociador*. Como ambos son incapaces de realizar las mínimas tareas domésticas -desde hacer la compra hasta limpiar la casa- y cuidar de sí mismos, deciden "traerse" a la suegra Lourdes -Mariví Bilbao de nuevo- de la residencia para que les ayude a sobrevivir el día a día. El equilibrio familiar se reestablece para padre e hijo al tener una mujer que se encargue de ellos y cuando parece que todo va a volver a desmoronarse al descubrir Joaquín que Lourdes no es realmente su suegra y que se ha equivocado de señora en la residencia, ambos deciden hacer un pacto de silencio y continuar viviendo en una ficción que les soluciona la vida a los dos.

Una vez más, Cobeaga presenta un tema controvertido del que poco se habla: la necesidad de afecto y compañía por parte de las personas mayores—representado por Lourdes, que prefiere encargarse de dos adultos completamente disfuncionales con tal de tener compañía y un rol en la vida familiar, aunque sea una mentira— y la absoluta inutilidad de la masculinidad tradicional que no puede vivir sin un ama de casa. Por tanto, Cobeaga vuelve al tema del pagafantas, en este caso, a través de los personajes de Joaquín y Fernando, ya que ambos son dos pagafantas de la vida cotidiana. Al mismo tiempo, *Éramos pocos* dinamita el modelo tradicional de familia española proponiendo una crítica mordaz hacia los roles tradicionalmente asociados al padre, el hijo, la esposa—que jamás aparece en escena— y la suegra. Cobeaga repite, una vez más, tanto desde el punto de vista humano— parte del equipo creativo es el mismo que en ocasiones anteriores— como en cuanto al planteamiento escénico, retomando el mismo estilo visual. Respecto al primero, Ohiana Olea se encarga de nuevo de la producción ejecutiva, Arázanzu Calleja de la música, Ignacio Jiménez Rico de la cámara y Jesús Salcedo de la asistencia a la dirección. Esta será también la primera colaboración entre Cobeaga e Ipiña, que hace las funciones de asistente de producción. Respecto al lenguaje cinematográfico, Cobeaga mantiene un estilo visual funcional e invisible similar al utilizado en su anterior corto que está puesto al servicio del diálogo, de la historia y de los personajes. El corto fue reconocido con la nominación al Óscar a Mejor Cortometraje de Ficción y con el Premio al Mejor Cortometraje en el Festival de Alcalá de Henares.

Imagen 3. Borja Cobeaga posa con Steven Spielberg antes de la ceremonia de los Óscar donde fue nominado por *Éramos Pocos*

Llegados a este punto merece la pena pararse un momento a reflexionar cómo Cobeaga reformula los códigos del costumbrismo y del esperpento para adecuarlos al espectador del siglo XXI. Por ejemplo, en su siguiente trabajo, el fragmento en la película colectiva *Limoncello. Tres historias del oeste* (Luiso Berdejo, Jorge Dorado y Borja Cobeaga, 2007) titulado "Río Puerco", hay un homenaje explícito a *Bienvenido Mr. Marshall* (Luís García Berlanga, 1953), ejemplo canónico del esperpento cinematográfico español. No obstante, "Río Puerco" es un *western* romántico que fija ya su mirada en los géneros clásicos del cine de Hollywood para subvertirlos y adaptarlos a la idiosincrasia española.[8] En la misma línea, *Pagafantas* (2009) recupera ciertas características propias de ambas tradiciones para ponerlas en cuestión junto a los códigos genéricos de la comedia romántica.

La puesta de largo de Cobeaga, coescrita con San José, devino en una de esas películas que se desmarca de su producción contemporánea, como hiciera *Airbag* (Juanma Bajo Ulloa, 1997) una década antes. Su propuesta estaba tan lejos de sus coetáneos que los referentes patrios más inmediatos a los que acudir no pueden sino encontrarse en esa obra cumbre de la comedia española que es *La ciudad no es para mí* (Pedro Lazaga, 1966), donde Paco Martínez Soria encarna al pagafantas primigenio. *Pagafantas* parte, como ya se ha analizado en los trabajos previos de Cobeaga, de un presupuesto sencillo, pero que, no obstante, acaba por desbaratar los arquetipos del género al que pertenece— en este caso, la comedia romántica: chico conoce a chica y, pese a todas las dificultades y esfuerzos, chico no consigue chica porque la chica sólo lo quiere como amigo. Si nos fijamos en *Fuga de cerebros* (Fernando González Molina, 2009), la comedia romántica más exitosa del 2009 –7 millones de euros de recaudación y más de un millón de espectadores— sigue al pie de la letra la fórmula de comedia romántica de instituto norteamericana, sin desviarse ni una coma de sus presupuestos temáticos y estilísticos. Por el contrario, *Pagafantas* propone una revisión del género en dos niveles fundamentales: en el temático, ya explicado, y en el visual, en tanto en cuanto *Pagafantas* rompe con la invisibilidad del montaje y la continuidad de la narración para introducir secuencias artificiosas sobre documentales de naturaleza televisivos para explicar qué es un pagafantas que, al mismo tiempo, revelan la propia autorreflexividad del filme. *Pagafantas* no esconde su condición de dispositivo cinematográfico ni su mecanismo de construcción, convirtiéndose, de

---

8. En el año 2009 Cobeaga realiza también el corto *Marco incomparable,* que es, literalmente, un gag de 4 minutos interpretado por Mikel Bernués y Carlos Areces, coprotagonista de *Negociador.*

este modo, en un filme profundamente postmoderno que lleva a cabo una inteligente relectura de la comedia romántica. Aunque la puesta en escena y el trabajo de cámara siguen siendo funcionales y están al servicio de la historia, esta irrupción y mestizaje de formatos, coloca a *Pagafantas* en un lugar diferente en términos visuales a *La primera vez* y *Éramos pocos*. Hay que señalar que el primer largo de Cobeaga ya está rodado en digital, lo que le permite una mayor libertad que el 35mm. En términos de producción, entramos también en un mundo distinto, ya que la película fue producida por los jugadores de las ligas mayores de la industria audiovisual española: *Pagafantas* es producto de la colaboración entre Sayaka Producciones (25%), con Ipiña como productora ejecutiva, Telespan 2000 S.L (35%) y Antena 3 (40%) con Teddy Villalba y Mercedes Gamero como productores (ICAA). Por tanto, el primer largometraje de Cobeaga tuvo el visto bueno de la industria española, dejando atrás la condición de producción independiente de sus anteriores cortos.

Un novio de mierda (2010), corto realizado para Notodofilmfest, explora en cierta medida las cuestiones que Cobeaga desarrollará en el largometraje *No controles* (2010). Es reseñable como Cobeaga no utiliza el corto para llegar al largo, sino que se mueve entre ambos formatos con total libertad. Como él mismo señala:

> Mi intención nunca fue usar los cortos como un camino hacia los largos, sino como obras con un gran valor en sí mismas. Me gusta la inmediatez de los cortos, muy diferente a una película que ocupa años de tu vida hasta que la ruedas, montas o terminas. Además, existen historias que solo dan para unos minutos y no para hora y media. Las dos cosas son bonitas y no descarto ninguna (Cobeaga en Muñoz, 2014).

Esta inmediatez que Cobeaga señala está presente en *Un novio de mierda,* antesala de *No controles* (2010) en tanto en cuanto ambas películas exploran, como el propio título del corto indica, la figura del novio desastroso: en el primer caso, una comedia de situación tradicional condensada en 4 minutos, al protagonista le sale el tiro por la culata y acaba volviendo con su novia a la que no quiere por no quedar mal con ella. ¿Cuán más pagafantas se puede llegar a ser? En el segundo, la trama se complica un poco más para introducirnos en el terreno mestizo de la comedia romántica y la comedia de colegas en un cruce imposible entre *Cuando Harry encontró a Sally* (Rob Reiner, 1989) y *Resacón en Las Vegas* (Todd Phillips, 2009). La película, coescrita de nuevo con San José, transcurre en una noche, la Nochevieja de 2010, en la que Sergio (Unax Enalde) se queda atrapado debido a una nevada en un hotel de carretera junto con el resto de los viajeros del vuelo a Madrid que tenía que coger. Para colmo, tiene solo una noche para recuperar a su exnovia Bea (Alexandra Jiménez) antes de que se vaya a trabajar a Alemania y la pierda para siempre. Para ello, cuenta con la ayuda de un grupo de "colegas" disfuncionales: un antiguo amigo del colegio que quiere ser humorista (Julián López), un separado enfadado con el mundo que acaba de volver de Punta Cana (Secun de la Rosa) y un empleado del hotel que no tiene con quién comerse las uvas (Alfredo Silva). A partir de esa sencilla premisa, se desarrolla una cinta que sigue al pie de la letra las directrices de la comedia romántica de enredos sin desviarse un ápice. En este sentido, *No controles* se torna mucho más convencional, tanto en forma como en fondo, que su rompedora *ópera prima*. Su fórmula, no obstante, pareció encontrar acogida en el mercado español si tenemos en cuenta el posterior desarrollo y éxito de comedias similares como *Primos* (Daniel Sánchez Arévalo, 2011), *Tres bodas de más* (Javier Ruíz Caldera, 2013) o *Mi gran noche* (Álex de la Iglesia, 2015), sólo por nombrar algunos ejemplos.

No controles es, de nuevo, una producción apoyada por la industria del cine español: Atresmedia Cine (49%), Telespan 2000 S.L. (25%) y Sayaka Producciones (24%), con Mercedes Gamero y Tomás Cimadevilla a la cabeza de la producción e Ipiña en la coproducción. En este caso, no obstante, Cobeaga no dinamita estereotipos de ninguna clase –atención, *spoiler*, la cosa acaba bien y después de un montón de enredos inocentes, Sergio y Bea terminan juntos y felices. Pero *No controles* nos regala a otro de los pagafantas antológicos del cine español: Juancarlitros –en una interpretación frenética llevada a cabo por un Julián López en estado de gracia en lo que fue su debut cinematográfico tras ser uno de los protagonistas del nacimiento de la nueva *sitcom* española tanto en sus papeles en *La hora chanante* (2002-2006) como *Muchachada Nui* (2007-2010 – que acaba convirtiéndose, quién sabe si queriendo o no, en el auténtico protagonista del filme. Juancarlitros es ese personaje pesado, cutre, sin gracia (aunque él piense que la tiene) y del que todo el mundo huye, que tan fructífero ha sido para la historia de la comedia, imposible no pensar en Jerry Lewis y su *Profesor chiflado* (1963). Es a través de él, y no de Sergio, que Cobeaga y San José canalizan sus mejores chistes y su voluntad de trasgresión. Y es a través de él que volvemos sobre las obsesiones personales del director vasco: cómo encajar en un mundo que no está hecho para los perdedores ni para los mediocres y que solo respeta y encumbra a aquellos que tienen éxito.

PERO EN ETA SE COMÍA DE LA HOSTIA

Antes de entrar en detalle con *Negociador*, merece la pena detenerse brevemente en *Democracia,* escrito por Alberto González Vázquez, y *Aupa Josu*, escrito por Juan Cavestany y San José, en los que Cobeaga, como director, abandona la funcionalidad de la puesta en escena y del trabajo de cámara para poner en valor sus talentos como cineasta y explorar una complejidad formal mucho mayor, con *travellings* y panorámicas. Como él mismo señala con esa ironía que le caracteriza:

> Tras *No controles* reflexioné un montón: una cosa es el estilo invisible de Cukor y Hawks y otra cosa es la inexpresividad. Creo que en mis pelis como director he confundido el estilo invisible con el estilo inexpresivo. Diego San José y yo estábamos de acuerdo en que, por ejemplo, *No controles* tenía una apariencia mucho más pobre de lo que habíamos imaginado. Por culpa de las condiciones de producción y por la mía. Ahora he aprendido a localizar, a no contenerme... Es muy de colegio de curas eso de no presumir. De ahí una puesta en escena tan sosa en mis dos primeras pelis. Muy jesuita (Cobeaga en Muñoz, 2014).

En este sentido, *Negociador* entronca con lo explorado en *Democracia* y *Aupa Josu* para presentar una puesta en escena que encuentra su mayor expresividad en su austeridad— con un extraordinario trabajo de dirección artística llevado a cabo por Lierni Izaguirre—, austeridad que caracteriza también el tono narrativo y visual de la cinta, donde predominan los silencios y los planos estáticos y simétricos. Es también importante señalar que *Aupa Josu* revela su condición de producto transnacional en la impronta que tiene de la sátira política postmoderna televisiva por excelencia –*The Thick of It* (Armando Iannuci, 2005-2012)– pero trasladada a la política vasca.

El tercer largometraje de Cobeaga, tras haber coescrito junto a San José el guion de la película más taquillera de la historia del cine español *Ocho apellidos vascos* (Emilio Martínez Lázaro, 2014)[9], está libremente inspirado en el libro *ETA. Las claves de la paz: confesiones del negociador*, coescrito por Jesús Eguiguren y Luis Rodríguez Aizpeola en 2011 sobre las conversaciones mantenidas entre el político vasco y el miembro de ETA Josu Ternera entre junio y julio de 2005, durante la tregua de la banda terrorista vasca. *Negociador,* cuyo guion es obra exclusiva de Cobeaga, es una producción independiente, lo que la desmarca de sus anteriores largos, financiada al 100% por Sayaka Producciones, con Cobeaga e Ipiña como productores, y la colaboración de la ETB, la televisión pública vasca, donde Cobeaga ya había explorado cómo reírse de ETA en *Vaya semanita*. Su condición de obra autoral se vio reforzada también por el hecho de que se estrenó en el prestigioso Festival de Cine de San Sebastián, donde ganó el Premio Irizar al Cine Vasco, lo que le imprime el prestigio de haber sido sancionado por el único festival de clase A que existe en España.

---

9. Para un estudio más detallado de *Ocho apellidos vascos* y su papel dentro de la comedia popular europea contemporánea, ver Jara Fernández Meneses y Vicente Rodríguez Ortega: "Contemporary Spanish Comedies, 'Mirror Films' and European Cinema: Evaluating *Ocho apellidos vascos / Spanish Affair*", *Quarterly Review of Film and Video,*

Negociador es, como la describe su propio director, "una comedia seca" (Cobeaga en Bermejo, 2016). Poniéndonos trascendentes, podríamos decir que la película tiene un eco a la idea desarrollada por Hannah Arendt sobre "la banalidad del mal", teoría que la filósofa judía elaboró cuando cubría el juicio a Adolf Eichmann en Jerusalén en 1960. De manera somera, Arendt explica que la solución final del régimen nazi no fue un complot de malvados asesinos sociópatas, sino un trabajo llevado a cabo de manera muy eficiente por una serie de burócratas nazis. Probablemente Cobeaga se reiría de semejante comparación por lo que tiene de grandilocuente, pero en la manera en la que el director retrata estas conversaciones, no como un hecho heroico, sino como una concatenación de casualidades, errores, malentendidos, desayunos y comidas llevadas a cabo por un personaje gris, mediocre y patético—Manu Aranguren, el pagafantas de la política— tiene algo de esa cotidianidad que describía Arendt. En otras palabras, casi la mayor parte de las veces, la vida— y la Historia— son bastante más cutres de lo que nos gustaría. Otra referencia que no me resisto a poner sobre la mesa es una de las mejores y más valientes sátiras que ha dado la historia del cine: *Ser o no ser* (1942), de Ernst Lubitsch. El "toque Lubitsch" sobrevuela sobre *Negociador* no solo en el hecho de que ambos filmes hacen bromas sobre situaciones históricas terribles –*Ser o no ser* es una sátira sobre el Nazismo—, sino porque no necesitan justificarse ni elaborar un alegato contra aquello de lo que se ríen, como hace, por ejemplo, otro hito del género, *El gran dictador* (Charles Chaplin, 1940), con su exposición final sobre los principios que deben regir la comedia en línea con una política democrática progresista: promover la prosperidad, la armonía social y la libertad, como señala inteligentemente Maria DiBattista en su revelador texto "The Totalitarian Comedy of Lubitsch's *To Be or Not to Be*" (2013, p.295)[10]. En

---

10. Otras referencias evidentes presentes en *Negociador* son el texto fundacional de la comedia negra *¿Teléfono rojo? Volamos hacia Moscú* (Stanley Kubrick, 1964)

este sentido, podemos enmarcar *Negociador* más como una comedia negra que como una sátira: Mark Eaton sugiere que, aunque toda comedia negra tiene algo de sátira, la primera se distingue de la segunda en que no tiene ninguna convicción de que aquello sobre lo que hace comedia se pueda cambiar o mejorar (2013, p.318), como se desprende de *Negociador*, que se revela incompetente para proponer solución alguna al conflicto de ETA, siendo este uno de sus grandes aciertos. Del mismo modo, *Negociador* utiliza una fina ironía para atacar todo sentimentalismo y convencionalismo moral, características propias de la comedia negra (Eaton, 2013, p.318). Cobeaga vuelve a recurrir a Ramón Barea para encarnar a Manu Aranguren, trasunto de Jesús Eguiguren mientras que Josean Bengoetxea da vida a Josu Urrutikoetxea (Josu Ternera), y Carlos Areces a Patxi (Thierry).

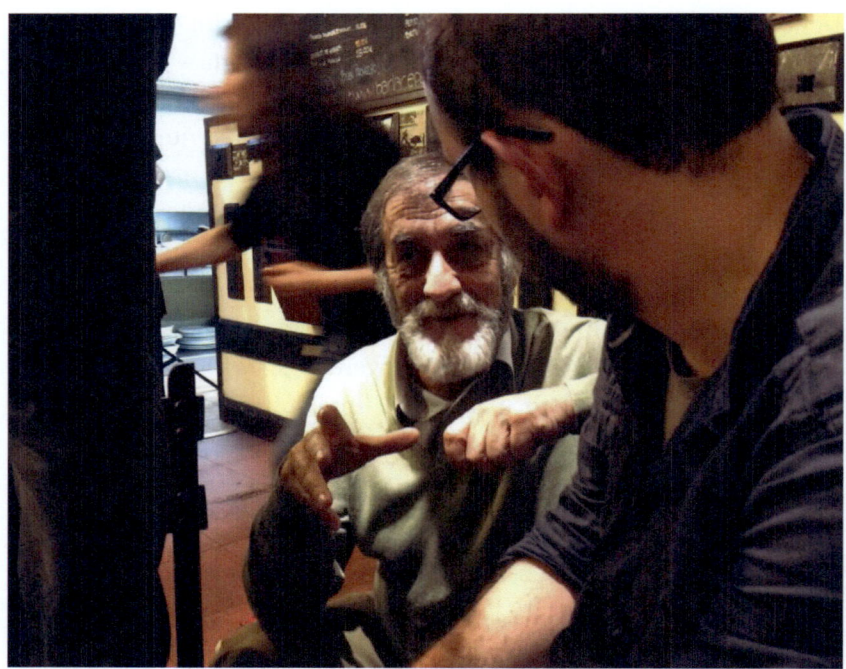

Imagen 4. Ramón Barea durante el rodaje de *Negociador*

Imagen 5. Nahikari Ipiña y Borja Cobeaga durante el rodaje de *Negociador*

Si en *Negociador* predomina el punto de vista de Aranguren, en su siguiente largo, *Fe de etarras* (2017), ambientado durante el mundial de fútbol del 2010, el único que ha ganado España, Cobeaga desbarata cualquier épica posible sobre ETA al presentarnos a un comando de etarras más desastroso aún que los terroristas islamistas de esa maravilla del cine contemporáneo que es *Four Lions* (Chris Morris, 2010). El comando está liderado por Martín (Javier Cámara), un etarra de toda la vida, aunque de La Rioja, que ha estado huido durante 12 años al escaparse de un posible arresto en Bayona en 1998, junto con la pareja formada por

Ainara (Miren Ibarguren) y Álex (Gorka Otxoa), más preocupados por resolver la relación sentimental que ambos niegan tener que por la lucha armada y, por último, Pernando (Julián López), un etarra de Albacete. Los cuatro esperan la llamada del mítico líder Artetxe (interpretado por Barea, en un fantástico juego de espejos con *Negociador*) para recibir órdenes sobre su próximo atentado, llamada que nunca llega. Hasta que lo hace. Entre tanto, matan el tiempo como pueden. De nuevo, el hastío de la cotidianeidad es lo que realmente impregna sus vidas, despoján- dolas de cualquier sentido y lugar en la Historia, porque nada de lo que hacen, lo hacen bien. Su irrelevancia es tal que ni siquiera consiguen ser detenidos: en resumen, son los pagafantas del terrorismo. La última pe- lícula de Cobeaga hasta la fecha recupera la fórmula tradicional de pro- ducción de sus anteriores trabajos a excepción de *Negociador:* coescrita junto con San José, es una coproducción entre Mediapro y Netflix, los únicos que se arriesgaron a financiarla. Del mismo modo, recuperamos un humor basado mayormente en diálogos hilarantes— la secuencia en la que Martín y Ainara comparan una relación amorosa con la relación entre ETA y el Estado español es antológica—, una localización prin- cipal –el piso franco— y una puesta en escena y un trabajo de cámara funcional al servicio de la narración.

Para cerrar este recorrido por las principales películas escritas y di- rigidas por uno de los directores más inteligentes, divertidos y valientes que tiene el cine español contemporáneo, podemos concluir que, como se ha visto a lo largo de estas hojas, el pagafantas es la figura clave en la obra de Cobeaga, figura que el director vasco explora hasta sus últimas consecuencias y en todas sus dimensiones, creando y desarrollando uno de los arquetipos más sugerentes de la comedia actual, al tiempo que le sirve como excusa para hurgar y destapar las miserias tanto de la mas- culinidad contemporánea como de esta España nuestra. Ave, Cobeaga. Los pagafantas del mundo, te saludamos.

Capítulo 3
Nacho Vigalondo: cine fantástico y soledad cósmica

EL DV (VÍDEO DIGITAL) Y LA INSOPORTABLE LEVEDAD DEL SER

Dos jóvenes se juntan en un piso del madrileño barrio de Lavapiés. Se acaban de mudar a la capital en busca de nuevos horizontes. Uno es un actor en paro, el otro una cineasta novel. El cineasta actúa como director, productor y guionista. Solo tiene una herramienta: una cámara de digital. Pero le gusta la ciencia ficción y quiere homenajear a uno de sus profetas, Philip K. Dick. Además, no quiere hacer solamente un filme, sino una trilogía. El director le dice a su amigo actor que no se complique la vida y sea natural, que haga lo mismo que hace todas las mañanas. El actor cumple a rajatabla. La primera entrega de la trilogía posee siete planos: un hombre está acostado en la cama, se levanta, va al baño y se le lava la cara; prepara un café, observa al café haciéndose, comprueba la cafetera, se bebe el café mientras lee el periódico y, a continuación, mira hacia un horizonte desconocido. Fin.

Es el año 2002. El cineasta es Nacho Vigalondo; el actor, Alejandro Tejería, colega y amigo del director. Crecieron juntos en su localidad natal, Cabezón de la Sal. El cortometraje (divido en tres partes) se denomina *Código 7*.

Si nos fijamos únicamente en la imagen, estamos ante un cortometraje que reproduce la aplastante lógica de la cotidianidad de cualquier grabación casera realizada en DV a comienzos de los 2000. En esta década, el vídeo digital deviene parte del día a día del público que, ahora, también se convierte a menudo en realizador de sus propios vídeos. Cualquier espectador que viese *Código 7* estaba perfectamente familiarizado con la imperfección estética—algo desenfocada y pixelada—que caracteriza este filme: es un nuevo soporte para representar la realidad que también posee una inmediatez sin precedentes. Armadas con estas nuevas herramientas digitales, miles de personas se lanzaron a grabar vídeos caseros, a captar momentos (supuestamente) inolvidables de viajes alrededor del mundo y también a dar sus primeros pasos como cineastas en las redes de circulación que se iban abriendo camino ante el imparable desarrollo del mundo digital y el posterior *boom* de las redes sociales a mediados de la década. En esta era, el virtuosismo milimétrico del celuloide convive con la lógica del *do-it-yourself* (DIY) o "hazlo tú mismo" que el digital pone sobre la mesa. Vigalondo es precisamente hijo de esta transición y convivencia entre el celuloide y el digital. En sus primeros años, alternará entre ambos soportes, buscando nuevas maneras de contar sus (micro)historias para poder dar el salto definitivo a la producción cinematográfica industrial.

Retornemos a *Código 7*. Si la imagen capta un mañana como otra cualquiera en el acontecer de Tejería, el sonido y los intertítulos nos cuentan otra historia. El filme comienza con una misteriosa banda sonora y vemos sobreimpresionado el siguiente intertítulo "Philip K. Dick presenta". La atribución de coautoría al gran escritor de la ciencia ficción sitúa *Código 7* en una larga tradición cinematográfica que ha re-imaginado sus diferentes obras en los últimos cincuenta años.[11]

11. Maestro de la distopía existencial, Philip K. Dick ha sido adaptado en varias ocasiones por diversos directores que han obtenido un gran reconocimiento crítico. Su novela *¿Suenan los androides con ovejas eléctricas?* (1968) devino *Blade Runner* (Ridley Scott, 1982), una de las cumbres de la ciencia ficción de la segunda mitad del siglo XX cuya influencia en este género cinematográfico es insoslayable; en los 90, Paul Verhoeven adaptaría el relato corto *Podemos recordarlo a usted al por mayor* como *Desafío total* (1992); Steven Spielberg acudiría a Philip K. Dick para realizar su *thriller Minority Report* (2002), también basado en un relato corto del autor titulado *El informe de la minoría* (1956). Posteriormente, una de las figuras más destacadas del cine *indie* estadounidense, Richard Linklater, adaptaría *Una mirada en la oscuridad* (1977) como *A Scanner Darkly* (2006), para dejarnos helados con una pesadilla futurista tan cercana como espeluznante.

Por tanto, en su enunciación, *Código 7* se instala en un espacio entre el cinéfilo y el fanático de la ciencia ficción sesuda de Philip K. Dick, estableciendo un vínculo transnacional con el imaginario colectivo global. Por otra parte, la voz en *off* teje una compleja narración en la que el joven que se levanta y toma un café como cada mañana resulta estar en Urano en el siglo XXV. Es además Palmer Eldritch, "el aventurero más valiente y poderoso de la galaxia", nombre también del protagonista de la novela de K. Dick *Los tres estigmas de Palmer Eldritch* (1965), que se encuentra atrapado por el malvado emperador Mechon en una realidad virtual que le hace creer que vive en un piso en Madrid en el año 2002. A partir de esta premisa, la voz en *off* traza una trepidante, delirante y, a ratos, histriónica película de acción. Su amigo Joe Chip intentará rescatarlo pero fracasará y Eldritch permanecerá atrapado. Al menos hasta la segunda entrega de *Código 7*...

El segundo filme de la saga sorprende al espectador porque se estructura a través de los mismos planos que el anterior y nos cuenta que Eldritch está atrapado en una rutina tediosa. La voz en *off* da una vuelta de tuerca más a la historia. "El café haciéndose" comienza a interpelar a Tejería/Eldritch mientras el actor permanece mirando a la cafetera, impertérrito. *Flashback* al primer filme: la misma imagen, pero en blanco y negro aparece en pantalla. De manera nada sutil, Vigalondo nos permite ser perfectamente conscientes de qué mecanismos utiliza para construir el discurrir de *Código 7*. La narración nos dice que Eldritch no es quien cree ser sino en realidad Chip que, tras su fracaso al rescatar al héroe intergaláctico, reconstruyó en Plutón una réplica del Madrid de 2002 con el fin de purgar su pena. Es entonces cuando Vigalondo introduce la primera variación visual respecto a la primera entrega del filme mostrando, cámara en mano, a Tejería mientras se mueve de manera torpe en la cocina. Con sorna la voz en *off* afirma "Joe Chip ya no sabe ni dónde meterse" para luego volver al plano fijo anterior y ofrecer una resolución parcial que da a Chip la oportunidad de redimirse.

La tercera parte de *Código 7* retorna de nuevo a las imágenes de las anteriores entregas de la trilogía. Sin embargo, el narrador no ofrece una resolución al complejo entramado de múltiples realidades virtuales y "reales" que estructuran los dos filmes anteriores. Es ahora Tejería quien habla, afirmando que su amigo Nacho ha llegado a su casa esa misma mañana, le ha dicho que haga lo mismo que todos los días pero que en realidad están haciendo una película de ciencia ficción. Tejería se lamenta del discurrir de su recién comenzada carrera actoral. Sea o no cierto el hecho de que el actor supiese lo que realmente estaba haciendo Vigalondo, su registro interpretativo impasible y su cercanía a la cotidianidad más obvia de cualquier joven de principios del siglo XXI ancla *Código 7* más si cabe en la creciente presencia de la imperfección del DV en el imaginario colectivo.

El filme demuestra que el talento desbordante, las ganas de hacer cosas nuevas y la colaboración incondicional de un par de amigos son suficientes para construir una trepidante película de ciencia ficción existencial que, en gran medida, anticipa varios de los temas fundacionales de los posteriores largometrajes de Vigalondo—es decir, qué es real y qué no lo es...quizá, y la fractura de la cotidianidad más banal como punto de partida para crear universos rebosantes de giros dramáticos inesperados. Podemos así entender *Código 7* como una parodia de la ciencia ficción, expresada a través de las modulaciones de una voz en *off* que establece un contraste entre las aventuras dramáticas de Eldritch y Chip y la ordinaria cotidianidad que nos ofrecen las imágenes (Ruiz Navarro, 2013). El filme es, por tanto, un homenaje literario y cinéfilo a uno de los grandes arquitectos de la ciencia ficción y una declaración de intenciones. *Solo necesitas una gran idea para empezar*. A partir de aquí, Internet es tu ventana al mundo, como lo sería en el caso de *Código 7*, estrenada en el Notodofilmfest.

Unos años más tarde, Vigalondo retornaría al DV con *Domingo* (2005), realizado expresamente para el Notodofilmfest, en la edición de este festival donde actuó como miembro del jurado. Es un cortometraje que sorprende por su aplastante sencillez que es justamente el germen de su brillante planteamiento y desarrollo.

Domingo apenas dura tres minutos y medio. En la primera imagen vemos un platillo volante quieto sobre un cielo nublado. En la parte inferior derecha aparecen sobreimpresionados la fecha, día y hora: Sept 12 2005, 19:35h. Fuera de campo, se oye la voz de una mujer quejándose de que su novio está reutilizando las cintas del viaje a Turquía para grabar al OVNI. La discusión sube de tono: la mujer continúa lamentándose de la pérdida de las mencionadas grabaciones caseras; el hombre, por su lado, cree estar ante un acontecimiento capital en la historia de la humanidad y reivindica seguir grabando, aunque nada haya sucedido tras cuatro horas de observación. El platillo volante sigue imperturbable ante nuestros ojos mientras escuchamos las voces enfadadas de la pareja, ambos más allá del campo visual. La mujer termina mandado a la mierda a su obstinado novio, y arranca el coche con intención de irse. Es entonces cuando el hombre deja caer la cámara, que sigue grabando, con un ángulo inclinado. Ahora no vemos al OVNI sino a la pareja en el fondo, mientras él intenta persuadirla para que se quede, disculpándose. El tiempo sigue corriendo en el contador digital de la cámara: son las 19:37h. Y de repente, una música con marcado cariz "cósmico" anuncia la maravilla: el hombre gira su cabeza y se acerca al objetivo, la mujer sale del coche y se aproxima en la misma dirección. Están atónitos, observan "lo más increíble que han visto en su vida". Ahora ella le hace callar. Los espectadores, sin embargo, no corremos la misma suerte. Nuestros protagonistas jamás recogen la cámara para grabar lo que está divisando. Ajena a todo, la cámara sigue grabando, mostrando a la pareja.

Tras el anzuelo de una película con elementos de ciencia ficción, estamos de nuevo ante un drama personal—de pareja, en este caso. El nuevo dominante representacional del siglo XXI—el digital—actúa como una herramienta de grabación que apunta en dos direcciones complementarias. Por una parte, se viaja desde lo universal—la llegada de inteligencia extraterrestre a la tierra—hacia lo personal—una discusión de pareja. La imperfección característica de la estética DV de producción y consumo casero funciona en un primer momento como mecanismo de mediación: vemos el OVNI a través de la cámara, tal como lo está mirando el hombre en la historia. En un segundo momento, se torna insuficiente para captar el acontecimiento maravilloso que ocurre fuera de campo una vez que el platillo volante abandona su impasibilidad y hace algo que nunca llegaremos a ver. En este sentido, Vigalondo utiliza el DV "como ventana al mundo exterior y como mirilla al mundo interior. Notario de la historia, pero sobre todo de la intrahistoria de la cotidianidad contemporánea, el vídeo digital es tanto un documentalista ubicuo—allí donde algo extraordinario ocurra, siempre habrá una persona con una cámara para documentarlo—y un cronista de la cotidianidad" (Reviriego, 2010, p. 356). El DV es también un formato que permite un modo de producción rápido, casi instantáneo y también barato y este es un elemento clave para entender cómo Vigalondo entreteje su intervención el panorama fílmico español e incluso cómo "practica" ideas que ulteriormente serán parte fundamental de sus largometrajes.

Imagen 6. La imperfección digital de *Domingo* remite a la cotidianidad más inmediata

En su siguiente proyecto en vídeo digital, el cineasta retorna a uno de sus temas centrales: la desafección emocional en el seno de la pareja heterosexual. Esta vez, sin embargo, no se centra en lo ordinario, sino en lo extraordinario.

Cháchara (2007) comienza con un encuadre vacío de unos matorrales. Lentamente, un hombre con una bolsa de papel en la cabeza aparece en pantalla. El contraplano muestra a una chica que lo observa confusa. El hombre se quita la bolsa y comienza con su "cháchara": se conocieron en 1984, de niños, y prometieron reencontrarse en ese mismo lugar tras cinco años sin ningún contacto previo. Él fue y ella no. Cada cinco años volvió allí desde Suecia; ella jamás apareció. La mujer no recuerda nada. Tras intentar darle un juguete que compartieron en la infancia, su inesperada llegada le forzó a secuestrarla. Nuestro protagonista no imaginó que el marido de la mujer fuera a aparecer también. El encuadre se abre y muestra ahora también al marido, igualmente confuso, escuchando el panegírico del "guiri" cuyo amor no ha sido correspondido. El hombre termina diciendo "tanta cháchara y espero al final para decir lo más importante". Es entonces cuando se vuelve a poner la bolsa en la cabeza y afirma "me acuerdo mucho de ti". Tras esto, sale corriendo y desaparece. Fin. La canción que se adivina al comienzo del corto, "Hurdy Gurdy Man" de *Donovan*, suena en todo su esplendor sobre los créditos finales.

Este tema musical ni siquiera aparece en los créditos y parece que los cineastas jamás pidieron la autorización para su uso. Este detalle, aunque irrelevante para el espectador, señala una de las características constitutivas de *Cháchara*: es un filme realizado *ad hoc* para su consumo en internet y específicamente para el Festival de Cine Instantáneo de 2007, uno de esos certámenes nativos digitales que nacieron para atraer a los nuevos públicos surgidos en las redes sociales y las plataformas como YouTube. Con casi 23.000 visualizaciones en esta plataforma, es precisamente en este contexto donde existe y circula y del que no trasciende. De hecho, uno de los usuarios de YouTube nos da otra pista sobre el cariz estético de *Cháchara*: en el minuto

3:28 se escucha la palabra "acción". Aunque es apenas audible, este hecho ocurre y enmarca el proyecto en la inmediatez imperfecta donde se inscribe la producción de Vigalondo de hace unos años y también apunta a la maleabilidad de lo cinematográfico en la era digital. Quizá no estamos viendo en YouTube la versión definitiva proyectada en el Festival de Cine Instantáneo, sino una iteración diferente del corto final que un usuario ha subido con el fin de compartirlo con fans del realizador y guionista, y también con otros cinéfilos. De un modo u otro, *Cháchara* existe de manera global en estos términos específicos, y este es precisamente uno de los legados fundamentales de los cineastas, como Vigalondo, que ganaron notoriedad en los albores de lo digital: sus proyectos cinematográficos como objetos de intercambio de una amplia comunidad de usuarios *web* que pueden intervenir en la propia materialidad inestable del proyecto digital que inicialmente diseñaron sus creadores.

Por otra parte, *Cháchara* retoma el tema del amor no correspondido con dulzura sosegada y cariño hacia ese hombre que cada cinco años viajó desde Suecia a España con el anhelo de reencontrar a la persona querida. Su delito—un secuestro—es así solamente una mera herramienta para poder decir a su amada una frase tan hermosa como indeclinablemente triste "me acuerdo mucho de ti". Después huye, con la certeza de que la reciprocidad está más allá de su alcance.

Dos años después, Arsénico PC colaboraría con el Notodofilmfest en la realización de *Marisa* (2009), quizá la declaración de intenciones más lograda y más triste jamás escrita y dirigida por Vigalondo. En este caso, el cineasta vuelve a uno de sus recursos habituales, la voz en *off*, para narrarnos su eterna búsqueda de Marisa, una mujer cuya identidad muta en el espacio-tiempo de manera indefinida. Decenas de actrices interpretan el papel de Marisa a largo de los apenas tres minutos y medio de duración del cortometraje. Vigalondo en este caso alterna entre imágenes fijas en blanco y negro, y escenas cotidianas de distintas mujeres para ilustrar lo inalcanzable de Marisa.

Pese al eterno fluir de su amada, el narrador no se detiene en su difícil empresa e intenta diseñar maneras de reencontrarse con *su* Marisa. Tras dos años y diez meses, da con ella en una ciudad lejana para, poco después, volver a perderla indefectiblemente. El narrador sin embargo no ceja en su empeño y decide buscar el sitio y momento adecuados donde cree que reaparecerá. Décadas después, en algún lugar, vuelve a encontrarla. Cuando consigue verla, fracasa. Él, para Marisa, "ya era otro". Cara a cara, la mujer es incapaz de reconocerlo. Es en este momento cuando el hombre afirma: "entonces aprendí que no era solo cuestión de espacio ni de tiempo. Pero seguí buscando a Marisa". En mitad de un bosque, Marisa se aleja y el hombre la sigue, sin darse por vencido.

En otros términos, la huida final de *Cháchara* se transforma en *Marisa* en un lento caminar, todavía atrapado en el vórtex de una obsesión que no parece finita. Una vez más, la mente del protagonista es incapaz de huir de su obcecación, pese a la ausencia de reciprocidad que le espera al final de un camino que no lleva al destino deseado. Aunque, como afirma Amanda Ruiz Navarro, "*Marisa* invita a reflexionar sobre la imposibilidad de asumir una identidad definitiva, pues constantemente sometemos esta a revisión y le otorgamos un carácter frágil y provisional" (2013, p. 142); simultáneamente también señala que hay partes de los seres humanos que nunca cambian y que buscan aquellos lugares y personas que nos remiten a la especificidad de un espacio y tiempo determinados como anhelo vital—como hacen los protagonistas masculinos de *Cháchara* y *Marisa*. Su fracaso viene precisamente determinado por esa incapacidad de procesar que la identidad de un individuo debe fluir y evolucionar para funcionar productivamente en un entorno social donde los anhelos hacia un pasado *que fue mejor* solamente provocan la desafección y falta de entendimiento con otros seres, ajenos a los puntos de inflexión personales de nuestro discurrir vital. En la filmografía de Vigalondo, es precisamente en el ámbito del romance heterosexual donde esta discordancia sucede repetidamente. En un escenario social y cultural donde lo digital asumía primacía, este formato se transforma precisamente en su principal vehículo de expresión puesto que facilita las labores de producción y distribución a través de múltiples ámbitos del mundo *web*; también consigue movilizar de manera efectiva los patrones de representación que progresivamente se convertían en una parte más sustancial del día a día de aquellos espectadores y usuarios a los que estaban destinados estos filmes.

En este recorrido, tomamos un desvío hacia el "engorroso" y "maravilloso" mundo del celuloide. Pero también nos acercamos a un terreno ya familiar: la falta de reciprocidad en el romance heterosexual. Abordamos el cortometraje con el que Vigalondo podría decir "aquí empezó todo" ...

7:35 DE LA MAÑANA, LOS ÓSCARS Y LA REINVENCIÓN DEL MUSICAL

Volvemos a la cotidianidad. Una mañana cualquiera en un bar. Esta vez, sin embargo, el espectador sabe que hay algo *off* desde un principio. La primera imagen muestra a un guitarrista y un organista mirando a cámara, congelados. Esperan algo. Después, una joven entra al bar como cualquier otra mañana. Extrañamente, el camarero no la saluda: es su bar de siempre. El resto de los clientes también permanecen inmóviles. La joven ve a los músicos al fondo: qué raro, no entiende nada. El camarero le da su café con leche sin mediar palabra. Sin concederle importancia, se sienta. La cámara sigue sus pasos: ella es hasta ahora el único foco de atención. Como hacía Tejería/Eldritch/Chip en *Código 7,* se presta a tomar el café y leer el periódico, pero sigue notando algo chocante, los clientes la miran de soslayo, completamente en silencio. Pero *¿por qué?* Todo el mundo continúa paralizado unos instantes más hasta que un chico (el propio Vigalondo) emerge desde detrás de una columna y comienza a entonar una canción. Los músicos le acompañan. La película es ahora suya: la cámara sigue sus pasos.

Poco a poco nos damos cuenta de que la canción trata de cómo el chico vive obsesionado por verla cada día en ese mismo bar, sin atreverse a intercambiar unas palabras. El tema musical es, por tanto, una declaración de amor. Poco a poco, los diferentes clientes se suman a la *performance* e interpretan coreografías y coros junto al chico. Incluso tienen sus líneas escritas en papeles que sostienen en la mano y declaman con una mezcla de desafección y miedo. El chaval ha preparado concienzudamente su declaración. Los clientes siguen "jugando" al plan urdido por el chico. Pronto queda claro el porqué. Uno es incapaz de recitar su verso y el chico le interpela con creciente nerviosismo: "venga, lee, lee". Es entonces cuando lo intimida con un detonador. Ha forzado a los clientes a participar bajo la amenaza de hacer explotar dinamita que rodea su cuerpo. *The show must go on* con la traca final: los clientes bailan una coreografía delirante mientras el chico se pasea por toda la cafetería dibujando un baile patoso. La dinamita es ahora permanentemente visible. La canción continúa; la letra explica qué debería decir él a la chica para conquistarla. Pero no se atreve. Llegamos al final del tema: el chico coge un saco de confeti y sale del bar. Fuera ya se escuchan las sirenas policiales. Nos quedamos dentro. En el exterior, él se suicida haciendo explotar la dinamita. La película de él ha terminado. La de ella no: vemos un primer plano de la chica con su cabello cubierto de confeti. Final.

Una vez más, la reciprocidad no llega. En este caso, hay daños colaterales: secuestro, amenaza y el ulterior fallecimiento del propio perpetrador del delito que, desencantado e incapaz de dirigirse a la mujer a la que desea, prefiere suicidarse a hablar con ella. La comunicación entre ambos solo es posible a través de un perverso número musical en que los códigos de la normalidad se suspenden permitiendo que una utopía en el seno de la cotidianidad—que él exprese lo que siente por ella— pueda suceder.

Imagen 7. Nacho Vigalondo junto a Koldo Serra durante el rodaje de *7:35 de la mañana*. Fotografía de Emilio Cendón.

7:35 de la mañana fue el trabajo que catapultó a Vigalondo en el panorama nacional e internacional más allá de su nominación al Óscar a Mejor Cortometraje de Ficción. El filme fue un proyecto precario, sin muchos medios, rodado de noche en el bar La Concha de Madrid. En este sentido, un paso importante para su visibilidad fue que "entró en el programa Kimuak del gobierno vasco, que es una selección anual de cortometrajes realizados en Euskadi, y en aquella época el mundo del corto estaba muy en boga, con muchos certámenes y festivales, y tras ganar en Gijón, que era un festival que te permitía optar a los Óscars, la cosa se ponía bien. Posteriormente estuvimos en Clermont-Ferrand y hubo una gran recepción e intuíamos que algo podía llegar" (Ipiña, 2022). Tras obtener más de 75 premios en el circuito de festivales, el filme dio notoriedad al cineasta cántabro, aunque tendría que pasar casi un lustro para que se estrenase su primer largometraje. Todavía operando en celuloide—el filme fue rodado en 35 milímetros—Vigalondo tiñe la cotidianidad de exceso vía la deformación de uno de los géneros más relevantes de la historia del cine en la representación y codificación de los lugares comunes del romance heterosexual: el musical. Al respecto, el cineasta afirma lo siguiente:

> Mi interés por el elemento musical del relato es, precisamente, desmontarlo. Convertirlo en algo opuesto, rompiendo la primera ley del número musical, o sea, la necesaria falta de lógica que envuelve el hecho de que los personajes, de repente, canten y bailen al son de un tema musical que surge de la nada. Pues bien, yo quería mostrar un número musical en el que la música suena por un motivo, y la gente canta y baila con una razón por detrás, y es una razón espeluznante (citado en Zubiaur, Lazcano y Fernández Arroyabe, 2011, p. 8).

Vigalondo parte, por tanto, de la transgresión genérica como embalaje perverso de una historia de amor que hemos escuchado mil veces: el chico que no se atreve a decirle a una chica que le gusta, y la observa mañana tras mañana parapetado en el anonimato. Partiendo de uno de los más recurrentes lugares comunes del género—el número musical como escenario de la declaración de amor—el filme se recrea en una cutre-coreografía llevada a cabo por una serie de individuos que, muertos de miedo, siguen las directrices de un demencial titiritero cuyo objetivo último es salir del anonimato a los ojos de ella, pero sin entablar una vía de comunicación mutua. De este modo, *7:35 de la mañana* ofrece un retrato de la miseria humana, mediante una operación radical: "el maravilloso mundo del musical en el que todos los sueños pueden convertirse en realidad es sustituido por el reflejo de una sociedad donde el contacto entre seres humanos es difícil de abordar, donde impera la desconfianza y la soledad nos lleva a la locura" (Zubiaur, Lazcano y Fernández Arroyabe, 2011, pp. 10-11).[12] A medio camino entre el musical romántico y el terror perverso, el filme es en última instancia un grito desgarrado que retrata sin tapujos la extraña soledad que embarga al ser humano

---

12. Para Zubiaur, Lazcano y Fernández de Arroyabe, *7:35 de la mañana* ofrece un insólito maridaje entre dos tradiciones: el musical de Hollywood y el esperpento valleinclanesco.

incluso en los lugares más concurridos, como un bar. ¿La solución de muchos? Huir hacia la fantasía. En el caso del protagonista de *7:35 de la mañana*, su solución pasa por la interpretación musicalizada de una declaración de amor. La hibridación genérica de este filme—partiendo de la comedia para llegar al drama terrorífico vía el musical (Angulo, Rebordinos y Santamarina, 2006)—también apunta a un elemento clave de la filmografía de Vigalondo que se podría resumir fácilmente en esa frase tan manida: "no sé si reír o llorar". Y esto es justamente lo que Vigalondo busca en buena parte de sus filmes, ya sea *Cháchara, 7:35 de la mañana* o incluso *Código 7*: despertar la carcajada para luego desvelar el lado más oscuro de los personajes, detener nuestro disfrute histriónico e invitarnos a hacer una pausa y reflexionar sobre lo que acabamos de ver. Ya sea mediante el musical, la ciencia ficción o el melodrama excesivo, al final sus cortometrajes retratan solitarios individuos que no saben negociar las dinámicas de afecto interpersonal y buscan un placer propio que termina alejándolos de los demás, en muchos casos de la mujer de la que "supuestamente" están enamorados.

No es, por ende, casual que otro de sus últimos cortometrajes en formato celuloide, *Choque* (2005) nos sitúe en este terreno familiar. Una pareja entra en unos recreativos. El chico, Diego, —otra vez interpretado por Vigalondo—quiere enseñar a su novia lo maravillosa que era la niñez cuando uno podía jugar a los autos de choque para aliviar el estrés. Él imagina un juego de pareja, *tête-à-tête*: su chica y él. En el último momento un grupo de adolescentes les estropea el pastel y juegan la misma partida, yendo deliberadamente a por ellos. *Pero es solo un juego* y esto es lo que Diego es incapaz de entender. Mientras que ella disfruta, él se cabrea, se pica y compite de manera compulsiva para vengarse de los chavales. La chica termina hastiada y se marcha. Él continúa erre que erre. Necesita su momento de gloria, pero termina magullado y expulsado de los recreativos. Con la cara ensangrentada regresa al coche y, tras una larga pausa, pregunta: "¿quieres saber quién ha ganado". Sin mediar palabra, ella arranca el coche. Fin. Efectivamente, a ella no le importa quién ha ganado y parece enojada de estar con un tipo que es incapaz de comprender los códigos propios de su edad. La regresión de Diego a la niñez para llevar a cabo un "duelo al sol" de autos de choque con uno de los chavales de la pandilla ha tenido como consecuencia el alejamiento moral y afectivo de su pareja. En un principio ella era feliz de volver a la infancia *juntos* y que él le mostrase cómo disfrutaba aquel niño que ella solo empezó a conocer en edad adulta; su compulsión por ganar—inconsecuente para ella—abre una brecha que *Choque* se niega a cerrar.

En su debut como largometrajista, *Los cronocrímenes*, Vigalondo beberá precisamente de una pulsión: el deseo retorcido de un hombre por observar a una mujer desnuda en el bosque, como detonante de una historia que nos devuelve al mundo de la ciencia ficción, los viajes temporales y las identidades múltiples. Pero antes, realizaremos una parada previa y volveremos al vídeo digital con su cortometraje *Cambiar el mundo* (2007) auténtico banco de pruebas para su posterior largo, y en el que colabora por primera vez en pantalla con uno de los protagonistas de *Extraterrestre*, el polifacético y exorbitante Carlos Areces.

DE LOS CRONOCRÍMENES A *EXTRATERRESTRE*: EL YO FRACTURADO EN UN *TOUR DE FORCE* CINÉFILO

Cambiar el mundo (2007) es un cortometraje realizado en colaboración con Nokia y la revista *Fotogramas*, producido una vez más por Arsénico PC. El filme presenta a un individuo, Areces, que se levanta como cada mañana. Esta cotidianidad se ve teñida por un inesperado giro dramático: cada vez que toma una decisión su yo se desdobla, existiendo en múltiples líneas temporales simultáneas. Los distintos Areces se pueden comunicar entre sí: no se ven, pero sí se oyen. La solución a este desdoblamiento indefinido es decidir en común: una vez que lo hacen, ya no hay más particiones porque con el diálogo, el mundo puede mejorar. El corto se inscribió dentro del *Nature Movies* (cuyo dominio en Internet está ahora vacío, desaparecido en el éter cibernético como tantos otros) a modo de proto-proyecto para contribuir a hacer un mundo más sostenible.

Rodado a modo de película casera realizada con un móvil, y con la música de *Ojete Calor*[13] (la banda del propio Areces), el filme plantea una premisa que será clave en *Los cronocrímenes*: cada decisión que uno toma no solamente existe en la inmediatez del aquí y ahora sino también en dimensiones paralelas interconectadas. Además, apunta a una utilización de los formatos digitales móviles como espacio de experimentación con ideas y conceptos a desarrollar en narrativas más complejas. En gran medida, *Cambiar el mundo* es el germen conceptual de *Los cronocrímenes*, aunque en su primer largometraje Vigalondo nos hará pulular por lugares más oscuros.

La llegada de *Los cronocrímenes* en España no fue fácil pese a su éxito en el Fantastic Fest de Austin. Significativamente, el filme consiguió distribución en EE. UU. antes que en España. Vigalondo tuvo que esperar más de un año para poder estrenar en territorio patrio. Sus números de taquilla—48.000 espectadores, 271.000 euros— son mínimamente aceptables si los comparamos no solo con las películas con mayor recaudación de ese año sino también con otros filmes de escaso calado y casi olvidados hoy en día, como *Sangre de mayo* de José Luis Garci, que tuvo casi el triple de espectadores (Carmena, 2010). Hay dos datos complementarios que nos ayudan a entender el lugar comercial de la película. Por una parte, *Los cronocrímenes* recaudó casi más dinero en el extranjero que en España hasta llegar a un total de 553.000 dólares. Por otra parte, no podemos achacar su irrelevancia en la taquilla a la primacía del cine de autor o de la comedia en el panorama nacional. De hecho, la película con mayor recaudación de 2007 fue una cinta de

13.   *Ojete Calor* es una banda de electropop compuesta por Carlos Areces y Aníbal Gómez que se define a sí misma como "subno-pop". Han creado alguno de los temas más bailados en las pistas españolas en los últimos años, entre ellos "Mocatriz" (modelo, cantante y actriz) y "Viejoven".

terror, *El orfanato*, *ópera prima* de Juan Antonio Bayona con más de 25 millones de euros de recaudación solamente en España.

El primer dato—el éxito relativo de *Los cronocrímenes* en los mercados internacionales con relación a la taquilla doméstica—permite adscribir a Vigalondo más allá de clásicos conceptos del cine nacional. En otros términos, es una película de ciencia ficción que se aproxima al *slasher*, con toques cómicos en pequeñas dosis, y que también se acerca semánticamente a la deconstrucción del género asociado con los filmes de *auteur*. No ofrece una resolución unívoca o la redención ulterior del protagonista dado que, para conseguir salvar a su mujer, termina condenando a morir a esa joven desconocida que avistó por primera vez en el bosque. De tal modo, es más productivo entender el lugar de Vigalondo a través de un paradigma postnacional (Rowan-Legg, 2016, p. 162). Es un director que trabaja elementos del cine fantástico, el terror y la ciencia ficción, mezclándolos de manera idiosincrática con un cóctel cómico y que, ulteriormente, emplea este complejo diseño genérico para abordar diversos microcosmos centrados en relaciones interpersonales, casi siempre entre un hombre y una mujer, en un momento de crisis afectiva y/o social. Según Ipiña, esta mezcla peculiar de cine fantástico y comedia va precisamente en detrimento de las películas de Vigalondo en la taquilla: "En España funciona el cine de género como el *thriller* o el terror, pero el cine fantástico o de ciencia ficción, que es fundamentalmente donde trabaja Nacho, es un género muy complicado, más allá de directores como Christopher Nolan o James Cameron. Hay películas extranjeras como *Attack the Block* o *Chronicle*, que tuvieron gran repercusión en el extranjero, pero que aquí no han funcionado. Si además, le añades elementos de comedia, como hace Nacho, todavía es más difícil" (2022). De hecho, la única película española de género fantástico o ciencia ficción en el top-50 en el histórico de la recaudación en España es *El laberinto del fauno* (Guillermo del Toro, 2006).

El segundo dato—la poca relevación de la taquilla en España—en relación no solo a comedias estrenadas ese año como *Café solo o con ellas* (Álvaro Díaz Lorenzo) o *Ekipo Ja* (Juan Muñoz) sino también a otras películas de género como [Rec] (Jaume Balagueró y Paco Plaza), o dramas sociales como *Las 13 rosas* (Emilio Martínez-Lázaro), nos permite apuntar una hipótesis que tiene tanto que ver con el cine de Vigalondo como con el tipo de espectador al que van dirigidas sus películas.

El director cántabro pertenece a una generación de creadores y consumidores cuyo menú audiovisual se origina a mitad de camino entre los videoclubs y diversas plataformas digitales no oficiales que facilitan el acceso rápido a contenidos a través redes de intercambio *peer-to-peer*. Así, su público ideal no es el clásico cinéfilo que se acerca a las salas de cine de arte y ensayo sino el joven usuario *web* que tiene a su disposición versiones "pirateadas" en plataformas como *Megaupload* o *The Pirate Bay*, y cuyos hábitos de consumo no incluyen ir al cine de manera periódica. Estos usuarios bajan y suben filmes y series de televisión que se transforman en archivos manejables para ser acumulados entre terabytes y terabytes en discos duros, para posteriormente ser visualizados en la pantalla de ordenador. Pese a que Vigalondo intentó crear una serie de artefactos multimedia como un videojuego interactivo y un blog para atraer al público ya familiarizado con sus cortos por Internet (Carmena, 2010, p. 466), este empeño no se tradujo en una afluencia masiva de público a las salas.

Además, como apuntábamos anteriormente, Vigalondo no hace películas para el espectador español tipo sino para circuitos de distribución y exhibición internacionales enmarcados en el ámbito del cine fantástico. En tal contexto, los parabienes de figuras clave en el panorama cinematográfico español como el director del Festival de Sitges Ángel Sala (2010) o de buena parte de la comunidad crítica no fueron un arma suficiente para catapultar al filme en taquilla puesto que sus interlocutores fundamentales eran internautas que concebían lo fílmico en el contexto más amplio del intercambio de contenidos en la *web*, permanentemente conectados a redes sociales como YouTube, y que, aunque avalaban con comentarios y clics los cortos de Vigalondo en estas plataformas, no acudían habitualmente a las salas de cine a verlos.

Los cronocrímenes es un filme estructurado a través de los sucesivos desdoblamientos del personaje principal, Héctor, una vez que se embarca en varios viajes temporales. Emparejado conceptualmente con filmes como *Primer* (Shane Carruth, 2004)[14], la narrativa también se aproxima temáticamente a dos clásicos de Alfred Hitchcock: *La ventana indiscreta* (1954) y *Vértigo* (1958).

La película comienza cuando Héctor, sentado tranquilamente en el jardín de su casa, observa con unos prismáticos a una mujer desnudándose. Impulsado por su deseo *voyeur* se adentra en el bosque y es entonces atacado por un misterioso hombre con el rostro vendado.[15] Este hecho desencadenará una serie de eventos que propician dos viajes temporales, su desdoblamiento en Héctor 1, 2 y 3, y el posterior intento de salvar a su esposa de una muerte segura a través de la manipulación de los hechos en una de las líneas temporales: disfraza a la joven que desencadenó todos los sucesos como si fuese su esposa con el fin de que uno de sus *alter egos* se confunda y propicie su accidental muerte. Pese a los distintos intentos de los múltiples Héctor de desenrollar la madeja y arreglar la situación para retornar a la situación inicial—la idílica y quizá aburrida vida con su mujer en una bonita casa a las afueras—no posee la capacidad para lograr este objetivo, precisamente porque el filme "sugiere que los ineludibles dilemas de la vida tienen como causa un incomprensible 'yo' que no es coherente o estable a través del tiempo o el espacio" (Divine, 2016, p. 114).

14. Podemos entender *Los cronocrímenes* como un *puzzle film*. Rowan-Legg afirma que este tipo de películas "tuerce su contrato narrativo con el espectador, o reteniendo información o mostrando eventos sin respetar la secuencia cronológica, para posteriormente disipar las incertidumbres en la conclusión (2016, p. 155).
15. Sebastián Martín (2020) destaca que el deseo *voyeur* de Héctor es compartido por algunos espectadores, "queremos mirar", y que este hecho actúa como catalizador de la narrativa. Por lo tanto, no estamos solo ante la perversión de Héctor sino también ante la nuestra propia

Imagen 8. La icónica imagen de Karra Elejalde en *Los cronocrímenes*

Al final de la historia, uno de los Héctor se sienta con su mujer en el jardín, magullado y exhausto. Su mujer tiembla aterrorizada. "Relájate, por favor", le dice a ella. Escuchamos de fondo cómo la chica joven cae del tejado y muere, de la forma que había planeado *ese Héctor*. Un coche arranca, *otro Héctor* sigue su camino. Cada línea temporal continúa su curso, el Héctor que vemos en pantalla ha elegido estar con su esposa, sacrificando a la joven y al otro Héctor, transformándolo en un asesino. Los personajes se encuentran con una yuxtaposición de órdenes de realidad perpetuamente en conflicto que continúan existiendo en paralelo, como sucedía en *Código 7* (Ruiz Navarro, 2013). No hay soluciones totales sino parches parcialmente satisfactorios que existen únicamente en las coordenadas espaciotemporales de cada línea narrativa. En este sentido, *Los cronocrímenes* "afirma de manera categórica que el futuro no puede cambiarse y que los eventos desafortunados sucederán porque ya han sucedido" (Rowan-Legg, 2010, p. 162). Héctor es, por tanto, incapaz de escapar a las coordenadas culturales del orden social que habita dado que sus diferentes *yos* contribuyen a construirlo consciente o inconscientemente. En otras palabras, no puede ver más allá del sistema de comportamientos, prejuicios, deseos y hábitos que lo construyen tal como es (Sebastián Martin, 2020, p. 36).

El primer largometraje de Vigalondo muestra una vez más a un ser destinado a la falta de reciprocidad, incluso si parece convivir en pareja al principio y final de una historia, que demuestra que no podemos trascender quiénes somos. En otras palabras, no podemos escapar a nuestra manera de percibir y construir el mundo.

En 2011, Vigalondo realizó su segundo largometraje, *Extraterrestre*, para explorar los vericuetos afectivos de las relaciones de pareja, utilizando la llegada de alienígenas a la tierra como coartada para encerrar a una pareja coyuntural en un apartamento. Relacionada conceptualmente con *Domingo*, esta película es principalmente una reflexión gamberra sobre quiénes somos en la más absoluta cotidianidad una vez que estamos forzados a coexistir con alguien a quien realmente apenas conocemos debido a una situación circunstancial de encierro: las naves espaciales sobrevuelan Madrid, una ciudad desierta, y Julio y Julia, tras conocerse y liarse una noche de borrachera, se ven obligados a compartir un mismo espacio.

Extraterrestre es una comedia ácida que utiliza elementos del cine de ciencia ficción como embalaje conceptual para desencadenar una historia plagada de pantallas que se transforman en herramientas para percibir aquello que nos rodea (Ruiz Navarro, 2013). De tal manera, en su forzada convivencia, Julio y Julia, aislados del mundo "real" en unas circunstancias en las que no funcionan ni la televisión ni los teléfonos móviles, utilizan la pantalla del televisor conectada a una cámara de vídeo para observar el gigantesco platillo volante sobre el cielo de Madrid. Es así como los espectadores ven al OVNI por primera vez. En otras palabras, sin la mediación de la tecnología que nos da acceso a la realidad, esta no existe. En este contexto "el uso de pantallas establece un bucle recursivo en que los espectadores somos conscientes de las diferentes capas de mediación existentes y qué podemos ver a través de la cámara. Esta manipulación de la percepción a través de varios objetos está presente en la película a todos los niveles. Tal hecho es reconocido por los cuatro personajes principales que utilizan la posibilidad aterradora de que uno de ellos pueda ser un *alien* infiltrado para fomentar situaciones que favorecen sus propios intereses (Rowan-Legg, 2016, p. 120). Así, Julio, Julia, el novio de ella, Carlos, y el típico vecino pesado, cotilla y acosador, Ángel, configuran un campo de batalla afectivo donde se entrecruzan sus intenciones y deseos contrapuestos. Los cuatro utilizan sistemáticamente la presencia alienígena como excusa para conspirar, mentir y herir a los seres más cercanos. El filme es casi una *sitcom* con muy mala leche que ofrece a los espectadores el acceso a la bilis tragicómica de cuatro individuos que miran por sí mismos sin ser capaces de entender a sus semejantes más allá de esporádicas descargas afectivas o sexuales.

Imagen 9. Nacho Vigalondo y Miguel Noguera durante el rodaje de *Extraterrestre*

Como sucedió con *Los cronocrímenes*, *Extraterrestre* no consiguió atraer al público a los cines, y cosechó incluso peores resultados de taquilla. El siguiente paso en la carrera de Vigalondo lo llevaría a realizar un experimento formal con dos estrellas del panorama internacional,

Elijah Wood y Sasha Grey, *Open Windows* (2014), ejecutando su primer largo en lengua inglesa. Posteriormente, en 2016, redoblaría esta apuesta con *Colossal*, filme que contó con la participación de Anne Hathaway y Jason Sudeikis, y que supondría su más ambicioso proyecto hasta la fecha. En ambos casos, Vigalondo dibuja un mundo plagado de pantallas que se constituyen en apéndices inorgánicos para unos seres humanos cada vez más incapaces de percibir qué es real y qué no lo es (¿o hay acaso varias realidades o irrealidades simultáneas?).

DE *OPEN WINDOWS* A *COLOSSAL*: A LA CAZA DE LOS MERCADOS INTERNACIONALES

Open Windows fue la primera película de Vigalondo producida mayoritariamente por uno de los imperios mediáticos que domina el mercado audiovisual español, Atresmedia. Esta corporación aportó el 60% del capital. Participaron también de su producción Apaches Entertainment, compañía independiente capitaneada por Belén Atienza y Enrique López Lavigne en aquellos momentos con un 35% y Sayaka Producciones con un 5%. El proyecto contó también con el apoyo de La Panda Productions, compañía establecida por un grupo de cineastas españoles en Los Ángeles que migraron a EE. UU. hace ya algunos lustros[16]. El filme se estrenó en el Festival South by Southwest, una de las mecas de la cultura independiente de Estados Unidos. En este caso, *Open Windows* empezó como un encargo por parte de Apaches Entertainment que ya contaba con la participación de Atresmedia y agentes de venta internacionales desde un principio. Estaba, por tanto, pensada para el público de los circuitos transnacionales (Ipiña, 2022).

Los críticos abalaron la experimentación radical de Vigalondo en *Open Windows*: el filme sucede en su totalidad en el interior de las múltiples

---

16. La Panda Productions cuenta entre otros con la participación de Elisa Lleras, Carlos Marquet-Marcet, Guillermo Escalona o Jon Aguirresarobe.

pantallas y ventanas digitales que rodean al protagonista. Con este aparataje formal, *Open Windows* adopta los lugares comunes del *thriller* para trazar un diagnóstico de las maneras en que el ubicuo pandemonio digital ha establecido un orden social donde la privacidad se ha transformado en un maleable espacio atacado por los múltiples dispositivos que nos mantienen permanentemente conectados. Pese al innegable virtuosismo técnico de la película, ahí acabaron las alabanzas. En el agregador de críticas *Rotten Tomatoes Open Windows* apenas alcanza un 40% de valoraciones positivas; en *Metacritic* posee un 47% de aprobación. Algunas voces, destrozaron la película sin piedad. Por ejemplo, Jeanette Catsoulis en *The New York Times* sentencia: "Inteligentemente diseñada pero insoportable de ver, *Open Windows* se desarrolla completamente en la pantalla de un ordenador cuyos manipuladores a veces son conocidos, aunque mayormente permanezcan invisibles. El resultado es un *thriller* con tantos puntos de vista, estratagemas y engaños que desaparece rápidamente a través de su propia URL" (2014). Por su parte, David Ehrlich afirma: "*Open Windows* disfraza una película de venganza en la piel de un *techno-thriller voyeur*, pero la conjunción de estos conceptos es tal que el filme encuentra una resolución una vez que Vigalondo ha alcanzado su momento Ícaro, con un cadáver tan machacado y desagradable que la ambición del proyecto solo se puede identificar mirando sus registros dentales" (2014). En resumen, pese al *tour de force* audiovisual y al brillante montaje de Bernat Vilaplana, la mescolanza genérica y los trucos narrativos del filme se desploman pasados unos minutos.

En una charla en la Universidad Carlos III de Madrid, López Lavigne explicó que sabía que un proyecto como *Open Windows* no se podía financiar únicamente con la taquilla en España. Habían creado una película postnacional destinada a funcionar de manera productiva en otros territorios y, valga la redundancia, en otras ventanas de distribución, fundamentalmente digitales. Su horquilla de espectadores en España iba de 50.000 a 200.000. En este caso la película se había quedado en la parte inferior de esta horquilla (tuvo 58.000 espectadores). Sin que nos guste repetir la cantinela excesivamente, lo cierto es que, una vez más, *Open Windows* pasó sin pena ni gloria por los cines en España o allende nuestras fronteras, recaudado algo más de 500.000 euros en total. Más sorprendentes son si cabe los pírricos números en España de su siguiente filme, *Colossal*, con 20.000 espectadores, aunque en este caso sí que consiguió una respetable recaudación global de 4,5 millones de dólares, impulsado por el mercado estadounidense, en el que se obtuvo un 66% de esta cantidad, más que probablemente por el atractivo de ver en pantalla a dos estrellas como Anne Hathaway y Jason Sudeikis. Aun así, el proyecto no se amortizó ni mucho menos en las salas dado que la película costó el triple, 15 millones de dólares. Esto quizá apunta a la creciente irrelevancia de este foro en la mayoría de las producciones de cine contemporáneas, más allá de los filmes-evento de altísimo presupuesto o ciertas producciones nacionales que obtienen una destacada respuesta por parte del público.

Con *Colossal*, Vigalondo dio un salto internacional a todos los niveles. Aunque siguió contando con la colaboración de Ipiña como productora ejecutiva, el proyecto se financió mayormente con dinero proveniente del extranjero. En este caso, la película contó con el apoyo de admiradores del cineasta desde su inicio puesto que Legion M, compañía que se autodenomina como la primera productora de entretenimiento cuya propiedad es de fans, ayudó en la financiación. Esta compañía obtuvo un total de 1,2 millones de dólares de 3.100 inversores (Couch, 2017). Además, el filme fue producido por las empresas estadounidenses Brightlight Pictures, Voltage Pictures, Route One y la surcoreana Union Investment Partners. Más allá de que Vigalondo escribiera el guion, la participación de otro personal artístico patrio en las diferentes fases del proyecto y la aportación de Sayaka Producciones, el filme es *invisiblemente* español para cualquier espectador. Aunque esto también sucedía con *Open Windows* en gran medida, la breve presencia de Carlos Areces al comienzo del filme sí ancla la película de manera explícita a cierta españolidad. *Colossal*, desde el punto de vista del público, es una película estadounidense (y algo surcoreana porque el principio y el final de la trama suceden en este país) y nada más.

A mitad de camino entre el drama y el cine fantástico, *Colossal* nos sitúa una vez más en el epicentro de una crisis de pareja. Harto del comportamiento de Gloria, su novio Tim la expulsa de su apartamento en Nueva York. En paro y sin muchas más opciones, ella vuelve a la casa familiar en un pueblo de New Hampshire donde se reencuentra con un amigo de la infancia, Oscar. Extrañamente conectada con un enigmático y enorme monstruo reptiliano que aparece en Seúl cada vez que pisa una zona infantil en un parque, Gloria tendrá que recomponer su vida en su pueblo natal y averiguar por qué el mencionado monstruo imita sus movimientos a miles de quilómetros de distancia. Simultáneamente, el amable Oscar se torna villano, intentado controlar a Gloria, revelando así su verdadera personalidad: un ser amargado que odia su día a día en el pueblo del que jamás ha salido y encuentra en ella una válvula de escape para ser único. Transformado en malévolo robot cada vez que pisa la zona de juegos, Oscar mutará en una fuerza destructiva que amenaza con arrasar Seúl a no ser que Gloria se quede indefinidamente en el pueblo. *Esta es su manera de poseerla.*

Imagen 10. Rodaje de *Colossal*

Imagen 11. Nahikari Ipiña y Nacho Vigalondo durante el rodaje de *Colossal*

Aunque con un mayor presupuesto y un elenco reconocido internacionalmente que no solamente incluye a Hathaway sino también a otros actores de prestigio como Sudeikis (cada día más en boga tras el aplastante éxito de la serie *Ted Lasso* y un clásico durante muchos años de *Saturday Night Live*), *Colossal* se configura como una divertida y, al mismo tiempo, oscura reelaboración de varios de los temas centrales en la filmografía de Vigalondo: la emergencia de la excepcionalidad en una ordinariez desesperante y la soledad última de un individuo desubicado que afronta una crisis de pareja en circunstancias psicológicamente extenuantes. Aclamada críticamente en España y en el extranjero, este filme parecía la carta de presentación de Vigalondo para proyectos mayores. Y, sin embargo, no ha realizado ningún otro filme hasta el momento. Últimamente ha estado trabajando en ficción televisiva y otros formatos de entretenimiento. Más concretamente ha dirigido tres capítulos de la serie *Nuestra bandera significa muerte* (2022), creada por David Jenkins y un capítulo, "La alarma", de la segunda temporada de *Historias para no dormir* (2002), *remake* de la celebradísima serie concebida por Chicho Ibáñez Serrador. Ahora mismo aborda, si todo sale bien, la adaptación del cómic *The Comeback* de Ed Brisson, en colaboración con el creador de *The Walking Dead*, Robert Kirkman. Pero...nunca se sabe.

Porque, *ladies and gentlemen*, hacer cine sigue siendo muy, muy difícil más allá de un contado grupo de privilegiados en la cumbre del cine comercial.

Para concluir, Vigalondo no es un cineasta de películas en sala sino de dispositivos digitales, para bien o para mal. Al menos hasta el momento, los datos son lapidarios: la gente no va al cine a ver sus películas. Las consume en plataformas y dispositivos *online*, es decir, su ecosistema preferido, porque en su mayoría son nativos digitales. En este panorama de consumo rápido y disperso, Vigalondo es una estrella global del cine fantástico y de terror que circula y circula y circula, a veces como nudo de sensibilidades cinéfilas, a veces como herramienta de entretenimiento de usuarios *web* mientras navegan de vídeo en vídeo de corta dirección en diversas redes sociales.

Capítulo 4
Productoras españolas del siglo XXI: Nahikari Ipiña

En las últimas décadas, las mujeres han tenido un papel cada vez más relevante en el cine español pese a que todavía es significativa brecha de género en las posiciones más destacadas en la elaboración de un proyecto cinematográfico o televisivo—dirección, producción ejecutiva, montaje, dirección de fotografía o guion. Por ejemplo, según el reciente informe *Diversidad cultural en la creación audiovisual en España*, entre los años 2015 y 2019, solo un 14% de mujeres ha dirigido largometrajes y solo un 13,3% ha firmado guiones. Los autores de este informe afirman que "es evidente la brecha de género y se constata que la igualdad demográfica no se corresponde aún con una igualdad de género en el caso de la autoría" (Carrillo Bernal y Cascajosa Virino, 2022).

El más reciente informe de CIMA, Asociación de Mujeres Cineastas y de Medios Audiovisuales, deja clara la pervivencia de esta segregación de género entre hombres y mujeres en el audiovisual español. Las mujeres solo constituyen un 32% del personal en el sector audiovisual en España. En los doce cargos de responsabilidad analizados, los hombres ocupan el 67% de los trabajos. Es especialmente significativo el caso de la Producción/Producción Ejecutiva. Solo hay un 26% de mujeres. En contraposición, las mujeres son mayoría en Dirección Artística (60%) y Diseño de Vestuario (82%). La sentencia es lapidaria: "Comparando la distribución de mujeres y hombres en la estructura de trabajo es observable que los cargos feminizados tienen en común que ambos giran en torno a la estética; mientras que los cargos masculinizados, a pesar de ser más numerosos y presentar más variedad, comparten características como son la creatividad, el liderazgo o la fuerte tecnologización" (Cuenca Suárez, 2021).

Recientemente, cineastas como Paula Ortiz, Carla Simón, Mar Coll, Alauda Ruiz de Azúa, Elena López Riera, Pilar Palomero, Carlota Pereda o

Clara Roquet han triunfado a nivel nacional e internacional con películas (casi siempre) dramáticas que han obtenido premios en certámenes de prestigio como el Festival Internacional de Cine de Berlín (Berlinale), el Festival de Cine de Málaga o los Premios Goya. Además, por lo general, la recepción crítica de estos filmes ha sido excelente. En este sentido, y más allá, del *statu quo* que ofrecen estos reconocimientos, consideramos que es necesario resaltar la labor fundamental de un grupo de mujeres en la producción ejecutiva de algunos de los más destacados filmes españoles en las últimas dos décadas.

Entendemos a las productoras aquí estudiadas como agentes clave del audiovisual que navegan entre lo económico y lo artístico. Están directamente involucradas en todos los procesos de creación, financiación y comercialización de las obras que llevan a cabo. Por consiguiente, seleccionan proyectos, participan en el desarrollo de los mismos y negocian complejos acuerdos entre diferentes compañías con el propósito de conseguir la financiación necesaria para llevarlos a cabo (Spicer, McKenna and Meir, 2016). Esto supone no solamente tener una capacidad creativa y un "instinto" para apostar por un proyecto sino también conocer perfectamente las cambiantes coordenadas de los mercados nacionales y globales, y poseer la capacidad de forjar alianzas estratégicas con otras productoras independientes, corporaciones multimedia y compañías de otros países con el fin de buscar capital tanto público como privado en los diferentes organismos supranacionales (la Unión Europea), nacionales y también regionales. Estas productoras son por tanto fuerzas creativas y hábiles negociadoras, que, a su vez, en ocasiones también bajan al "fango" y se encargan de las labores de dirección de producción del día a día de un determinado proyecto. Son todoterrenos incansables sin cuyo trabajo es imposible entender la reciente evolución del cine español en las dos últimas décadas.

Concretamente, nos centraremos en la labor de Nahikari Ipiña en comparación con dos de sus coetáneas: Belén Atienza y María Zamora. Antes de analizar la carrera de estas tres productoras, es perentorio resaltar la importancia de una pionera, con más de cuarenta años a sus espaldas en la producción: Esther García, que obtuvo el Premio Nacional de Cinematografía en 2018.

Cuando se habla de El Deseo, el público más informado conoce que es la productora encabezada por Pedro Almodóvar y su hermano Agustín. Menos conocida es Esther García, personaje capital en el cine español desde mediados de la década de 1980 por su labor tanto en la producción de las películas de Pedro Almodóvar como en la expansión de El Deseo allende nuestras fronteras a través de las producciones internacionales (Palacio y Rodríguez Ortega, 2020). Receptora de tres Premios Goya a la Mejor Dirección de Producción por *Acción Mutante* (Álex de la Iglesia, 1993), *Todo sobre mi madre* (Pedro Almodóvar, 1999) y *La vida secreta de las palabras* (Isabel Coixet, 2005), García es una pieza clave en la estrategia transnacional de El Deseo. Su quehacer en relación con dicha estrategia va mucho más allá de las labores de dirección de producción. No en vano, ha sido productora ejecutiva en *El ángel* (Luis Ortega, 2018), *Zama* (Lucrecia Martel, 2017), *El clan* (Pablo Trapero, 2015), *Relatos salvajes* (Damián Szifron, 2014) o *La mujer sin cabeza* (Lucrecia Martel, 2008), todas ellas coproducciones con Argentina que incluyen tanto películas de consagrados directores/as como de voces emergentes a ambos lados del Atlántico. Este modelo de financiación basado en la consecución de recursos económicos y creativos trazando puentes con el mundo iberoamericano se articula, por una parte, en torno a la figura autoral de un director o directora que se mueve como pez en el agua en el circuito del cine de arte y ensayo sin desdeñar, en algunos casos, el potencial comercial del cine de género. Por otra parte, en estos filmes no faltan actores de reconocido prestigio como el ubicuo Ricardo Darín, Guillermo Francella, Darío Grandinetti o Leonardo Sbaraglia. Pensadas principalmente para circuitos limitados de exhibición, estas películas poseen un sello de calidad inequívoco al que El Deseo contribuye de manera decisiva.

Muy diferente es la trayectoria de Belén Atienza, quizá el personaje más importante y menos conocido entre el público general en la internacionalización del cine español en las últimas décadas a través de su colaboración con el "Spielberg español"—Juan Antonio Bayona.

Belén Atienza comenzó su carrera en Sogecine, la todopoderosa productora de Canal + y, de ahí, pasó a ser productora en Telecinco Cinema, trabajando en diversos filmes entre los que destaca *El laberinto del fauno* (Guillermo del Toro, 2006). Durante este periodo, fue un agente clave en el desarrollo y producción de *El orfanato* (2007), cinta que catapultó la carrera de Juan Antonio Bayona y que, hoy en día, es la sexta película con mayor recaudación en la historia del cine español (*Statista*, 2021).

En paralelo, Atienza fundó Apaches Entertainment junto con Enrique López Lavigne. De esta colaboración nació el melodrama transnacional *Lo imposible* (2012), también de Bayona, y protagonizado por Tom Holland, Naomi Watts e Ewan McGregor, comedias de éxito destinadas al mercado nacional como *Tres bodas de más* (Javier Ruiz Caldera, 2013) y, en colaboración con Sayaka Producciones y Nahikari Ipiña, *Extraterrestre*, de Nacho Vigalondo.

En la segunda década del siglo XXI, Atienza alternó entre proyectos poco convencionales como *Gente en sitios* (Juan Cavestany, 2015), fracasos críticos como *Toro* (Kike Maillo, 2015)[17] y producciones en lengua inglesa con Bayona, como *Un monstruo viene a verme* (2016) y *Jurassic World: el reino caído* (2018), y también con autores noveles que han dado el salto a la dirección cinematográfica desde el guion, como Sergio G. Sánchez, *El secreto de Marrowbone* (2017). Más recientemente ha realizado labores de producción en una de las series más caras de la historia, *Los anillos del poder* (2022), de Amazon Prime.

Sin perder su vínculo con España, Atienza se embarca en proyectos con un marcado cariz internacional, casi siempre con un palpable tinte genérico—destacan el terror melodramático y el *thriller*—y en

---

17. *Toro* apenas consiguió llevar a los cine 300 mil espectadores. Recaudó 1,7 millones de euros. Datos del ICAA.

ocasiones, en lengua inglesa, ya sea incorporándose a una franquicia establecida como *Jurassic World* o produciendo filmes sustentados en una lógica de coproducción, como *Lo imposible* o *Un monstruo viene a verme*. Cabe recordar que estas dos últimas son la segunda y quinta película con mejores resultados de taquilla en la historia de España, solo por detrás de ese transatlántico llamado *Ocho apellidos vascos* (Emilio Martínez-Lázaro, 2014).

Por tanto, Belén Atienza hace, ante todo, y especialmente en los últimos años, productos comerciales destinados a los mercados globales. El mercado doméstico español no es un componente esencial de la lógica de distribución y exhibición de sus filmes y series televisivas. Como ella misma señala, las películas que le interesa hacer son "coproducciones internacionales de gran presupuesto, con personalidad y un gran cuidado en la factura, que buscan el gusto de un público masivo pero exigente" (Atienza en Yáñez, 2010b, p. 57).

María Zamora, por su lado, ha centrado su carrera en la producción de películas de autor destinadas a triunfar en festivales nacionales e internacionales de alto prestigio y a buscar el favor del público cinéfilo. Ha realizado su labor como productora ejecutiva desde 2001, primero en ese estandarte del cine independiente de calidad español que es la productora/distribuidora Avalon, y, desde 2021, en su propia productora/distribuidora, Elástica Films.

Zamora es la responsable de las carreras de las directoras más estimulantes del panorama del cine español actual, no sólo produciendo sus *óperas primas*, sino acompañándolas en el difícil tránsito de sacar los siguientes proyectos adelante. También, es la primera productora española en ganar un Oso de Oro en el Festival de Berlín gracias a su trabajo en *Alcarràs* (Carla Simón, 2022). Entre el *dream team* de directoras que Zamora ha nutrido están:

· Carla Simón: Oso de Oro (Mejor Película) en la Berlinale con su segundo largometraje *Alcarràs*, que fue también seleccionada para representar a España en los Óscar, y su *ópera prima, Estiu*

1993 (2017), que se alzó con el Goya a la Mejor Dirección Novel y con la Mejor Ópera Prima (Generación KPlus) del Festival de Berlín, entre otros muchos premios.

- Clara Roquet: *Libertad* (2021), Goya a la Mejor Dirección Novel. Compitió en la prestigiosa sección oficial de la Quincena de los Realizadores del Festival de Cannes.

- Liliana Torres con su tercer largometraje *¿Qué hicimos mal?* (2021), que participó en la Sección Oficial del Festival Internacional de Sevilla.

- Nely Reguera con *María (y los demás)* (2016), nominada a la Mejor Dirección Novel en los Premios Goya.

Para Zamora, producir cine dirigido y escrito por mujeres es una apuesta clara, consciente y personal. En sus propias palabras: "Es voluntario y me acuerdo perfectamente el día que me di cuenta de que tenía que hacerlo (…) Comenzó una toma de conciencia de por qué no había producido a mujeres, así que me puse activamente a buscar a mujeres, cambié mi percepción y decidí no esperar a que me llegaran esos proyectos, sino salir a buscarlos" (Zamora en Zurro, 2022, n.p.).

Sus proyectos futuros son también en femenino, afianzando el camino de directoras como Mar Coll con su tercer largometraje, *Las madres no* (2022), Elena Martín, con su nueva película *Creatura* (2023) tras *Júlia ist* (2017), Paula Ortiz con *La virgen roja* y Carla Simón con *Romería*. Sin embargo, también ha apoyado el salto a la dirección de la actriz Marta Nieto, que prepara *La mitad de Ana,* sobre una niña trans. Aunque para Zamora, "estamos muy lejos de la paridad y las mujeres no tienen por qué quedarse solo con lo chiquitito. La idea es que Telecinco les ponga diez millones para un *thriller* o una de acción" (Zamora en Ramírez, 2022, n.p.).

La de descubrir y acompañar a sus directoras y directores, es también una estrategia que Zamora ha seguido desde el comienzo de su carrera como socia fundadora de Avalon P.C.: produciendo primero los cortometrajes y apoyando luego a los directores para poder dar el salto al primer largo, como con David Planell y *La vergüenza* (2009), nominada a la Mejor Dirección Novel en los Premios Goya y ganadora de la Biznaga de Oro a la Mejor Película y Mejor Guion en el Festival de Málaga; o los cortos y largos de Elías León Siminiani. Como ella misma señala "esto viene de hace tiempo y hemos tenido la suerte y la intuición de acompañar a directores con proyectos que luego han tenido repercusión" (Zamora en Zurro, 2022, n.p.).

Las estrategias de producción diferenciadas de Atienza y Zamora permiten que sus películas transiten por circuitos especializados sin la exigencia de tener que llevar a cabo un *crossover* entre múltiples mercados: así, Atienza coloca sus películas en el mercado de internacional de cine comercial y Zamora hace lo propio en el mercado de festivales de prestigio y del cine independiente. De este modo ambas productoras limitan los inmensos riesgos que supone producir cine español.

Sin embargo, el carácter camaleónico de Nahikari Ipiña como productora, con más de 40 títulos a sus espaldas, hace más difícil enmarcarla de manera clara en una estrategia de producción definida como sí se puede hacer con Atienza y Zamora, aunque ella también ha sostenido y nutrido las carreras de cineastas ya con una cierta trayectoria como Cobeaga y Vigalondo.

Ipiña se mueve con soltura dentro de diversas estrategias de producción:

· Películas de autor pensadas para el circuito de festivales de prestigio y de salas independientes, vía que Ipiña acaba de abrir al encargarse de la producción de *Cinco lobitos* (Alauda Ruíz de Azúa, 2022), estrenada en la Berlinale y gran triunfadora en el Festival de Málaga donde fue galardonada con ocho premios, entre ellos el de Mejor Película y una de las cintas más celebradas en los Premios Goya 2022.

· Las comedias de Cobeaga destinadas al mercado nacional.

· *Thrillers* de calidad como *70 Binladens* (Koldo Serra, 2018).

- Películas de género fantástico y de terror "marca Vigalondo" con el fin de exportarlas más allá de las fronteras patrias.

- Paralelamente, no descarta la producción televisiva con series de ficción entre las que destacan: *Aupa Josu* (2014), creada por Diego San José y Juan Cavestany para la ETB y dirigida por Cobeaga, como hemos visto antes; *El fin de la comedia* (2014-2017), creada por Miguel Esteban, Raúl Navarro e Ignatus Farray para Comedy Central; *El vecino* (2019-2021), creada por Miguel Esteban, Raúl Navarro y dirigida por Vigalondo para Netflix; *No me gusta conducir* (2022) para TNT, serie creada y dirigida por Cobeaga y su último trabajo hasta la fecha.

En este sentido, la productora vasca es una *rara avis* en el panorama de la producción ejecutiva en España puesto que huye de las etiquetas y trabaja en un complejo interfaz: entiende que el cine y la televisión son vehículos autorales/culturales y también realidades industriales y de entretenimiento que deben concebirse como productos indisociablemente nacionales e internacionales.

Capítulo 5
Algunas probables (aunque imposibles) conclusiones

Borja Cobeaga, Nahikari Ipiña y Nacho Vigalondo nos han brindado algunas de las producciones más originales del cine español del nuevo siglo. No obstante, la cinematografía patria, como ya hemos visto, tiende a la codificación de su producción, como el resto de cinematografías europeas, con tres claras vertientes: por un lado, el cine de autor independiente que triunfa entre el público cinéfilo, las salas de arte y ensayo y los festivales de prestigio nacionales e internacionales; por otro, el cine de género pensado para la taquilla, siendo la comedia, el *thriller* y el terror los preferentes, con capital mayoritario de las televisiones privadas. Y, tercero, aunque en un volumen mucho menor, producciones pensadas para el mercado global. Dicha codificación hace que las películas de Cobeaga y Vigalondo producidas por Ipiña no encuentren fácil acomodo en los parámetros por los que se rige el cine nacional, ya que se resisten a encajar en alguna de sus coordenadas. Por el contrario, orbitan como radicales libres indagando tanto las posibilidades que ofrecen los circuitos de producción, distribución y exhibición digitales transnacionales – Vigalondo— como las salas de cine, la televisión y las plataformas nacionales en la reformulación de la comedia romántica y la comedia negra – Cobeaga. Y, como infatigable Sancho Panza de ambos Don Quijotes, la incombustible Ipiña, que se asegura que cualquier idea que puedan tener, por descabellada que sea, llegue a buen término. No obstante, Ipiña tiene una personalidad propia que le permite transitar por diversos caminos y propuestas y que, como ya hemos analizado, la convierten en una productora todoterreno.

Cobeaga, Ipiña y Vigalondo hacen cine de género existencialista, en tanto en cuanto utilizan el fantástico y la comedia respectivamente para plantear y desarrollar sus obsesiones temáticas: la incomunicación y la soledad cósmica de Vigalondo, y la cutrez y la intrascendencia del ser humano— *el pagafantas cobeaguiano*. Del mismo modo, ambos cineastas parten de lo cotidiano para construir sus particulares universos y utilizan la risa para desvelar situaciones terroríficas— Vigalondo— o para poner en evidencia las miserias humanas— Cobeaga. Desde la modestia de sus presupuestos y la constatación de la incapacidad de su cine para resolver los conflictos que se plantean o que les plantea el mundo contemporáneo, Cobeaga, Ipiña y Vigalondo exploran cuestiones fundamentales para la sociedad actual, pero siempre desde una mirada humilde, profundamente autorreflexiva y personal.

Terminamos este libro con una foto de Borja, Nahikari y Nacho, en el fragor de la juventud, con ganas de comerse el mundo. La instantánea desprende ilusión, desmesura, felicidad y disfrute. Ellos todavía no sabían que sus películas iban a cambiar para siempre el cine español del siglo XXI.

Imagen 12. Borja, Nacho y Nahikari.

Referencias bibliográficas

ABBOTT, S. y JERMYN, D. "Introduction" – A Lot Like Love: The Romantic Comedy in Contemporary Cinema, en *Falling in Love Again: Romantic Comedy in Contemporary Cinema*, I.B.Tauris, Londres, 2009, pp. 1-8.

ALVARADO, M. (2016). "Producción de Cortometraje", en *El cortometraje español (2000-2015): Tendencias y ejemplos*, Iberoamericana, Madrid, 2016, pp. 33-54).

ÁLVAREZ, M. "Los microcortos del Notodofilmfest". en *El cortometraje español (2000-2015): Tendencias y ejemplos*, Iberoamericana, Madrid, 2016, pp. 111-127). Iberoamericana.

ANGULO, J., REBORDINOS, J.L. y SANTAMARINA, A. *Breve historia del cortometraje vasco*. Euskadiko Filmategia Fundazioa – Fundación Filmoteca Vasca, Bilbao, 2006.

APARICIO, D. "Crítica de *Colossal*. Cuando lo insólito se convierte en genialidad" [en línea], (2017), <https://www.20minutos.es/noticia/3078358/0/critica-colossal-nacho-vigalondo-anne-hathaway/?autoref=true> [Consulta 12/02/2022]

BERMEJO, A. (1 de febrero de 2016). "Borja Cobeaga: Me fascina la mezquindad" [en línea], (2016), <https://www.20minutos.es/cinemania/noticias/borja-cobeaga-me-fascina-la-mezquindad-33038/> [Consulta 22/02/2022]

CABALLERO, A. "Entrevista a Borja Cobeaga" [en línea], (2020) <https://www.elconfidencial.com/espana/2020-10-10/entrevista-borja-cobeaga-pandemia-peliculas_2783776/> [Consulta 23/05/2022]

CARRILLO BERNAL, J. y CASCAJOSA, C. *Diversidad cultural en la creación audiovisual en España. Diversidad de autores y de historias (2015-2019)*, DAMA, Madrid, 2021.

CARMENA, F. "Del corto al largo. Desafíos y vicisitudes de un rito de paso", en *La medida de los tiempos. El cortometraje español en la década de los 2000*, Festival de Alcalá de Henares, Alcalá de Henares, 2010, pp. 449-482.

CATSOULIS, J. (6 de noviembre de 2014). "The Psycho, the Starlet and the Voyeur" [en línea], (2016), < https://www.nytimes.com/2014/11/07/movies/open-windows-stars-elijah-wood-as-a.html> [Consulta 11/07/2022]

CINEMANÍA. "Fe de etarras" [en línea], (2017), <https://www.20minutos.es/cinemania/criticas/fe-de-etarras-95873/> [Consulta 11/07/2022]

COSTA, J., "Eterna melancolía sexual" [en línea], (2009), <https://elpais.com/diario/2009/07/03/cine/1246572002_850215.html> [Consulta 12/02/2022]

COSTA, J., *Una risa nueva*. Nausícaä, Murcia, 2009.

COSTA, J., "Extraterrestre. Para los amantes de las miniaturas inagotables" [en línea], (2011), <https://www.fotogramas.es/peliculas-criticas/a446659/extraterrestre/> [Consulta 12/02/2022]

COSTA, J. "En ETA se comía de la hostia" [en línea], (2017) <https://elpais.com/cultura/2017/10/12/television/1507799150_413331.html> [Consulta 12/02/2022]

COUCH, Aaron., "*Colossal*: Fan-Owned Company Helping Release Anne Hathaway's Monster Film" [en línea], (2017), <https://www.hollywoodreporter.com/movies/movie-features/colossal-fan-owned-company-helping-release-anne-hathaways-monster-film-977209/> [Consulta 20/02/2022]

CUENCA SUÁREZ, S., "Informe CIMA. La representatividad de las mujeres en el sector cinematográfico del largometraje español", CIMA, Madrid, 2022.

DE JULIÁN, O., "Corto español, cine español" en *La medida de los tiempos. El cortometraje español en la década de los 2000*, Festival de Alcalá de Henares, Alcalá de Henares, 2010, pp. 11-33.

DE PEDRO, G., "Los cronocrímenes" *Cahiers du Cinema. España* 13, 2019, 17.

DELTELL ESCOBAR, L, El nuevo hombre orquesta: el director de cortometrajes y novel en España. *Área Abierta* 14 ,1-8.

DIBATTISTA, M., "The Totalitarian Comedy of Lubitsch's *To Be or Not to Be*" en *A Companion to Film Comedy* (pp. 293-314). John Wiley & Sons, Londres, 2013, pp. 293-314.

DIEGO, P. y GRANDÍO, M. "Clasicismo e innovación en la producción nacional de comedia televisiva en España", *Comunicación*, 9 (1), 2013, 49-66.

DIVINE, S., "Affect, Aliens and Crisis in Nacho Vigalondo's *Extraterrestre*" *International Journal of Iberian Studies* 30 (2), 2017,113-127.

EATON, M., "Dark Comedy from Dr. Strangelove to the Dude", en, *A Companion to Film Comedy*, John Wiley & Sons, Londres, 2013, pp. 315-339.

EHRLICH D., Ehrlich, D. *"Open Windows* attempts to disguise a revenge movie in a voyeuristic techno-thriller" [en línea], (2017), < https://www.avclub.com/open-windows-attempts-to-disguise-a-revenge-movie-in-a-1798181831> [Consulta 01/09/2022]

FERNÁNDEZ MENESES J. y RODRÍGUEZ ORTEGA, V., "Contemporary Spanish Comedies, 'Mirror Films' and European Cinema: Evaluating *Ocho apellidos vascos / Spanish Affair, Quarterly Review of Film and Video* 39 (4), 2022, 711-730.

HEREDERO, C., *Espejo de miradas. Entrevistas con nuevos directores del cine español de los años noventa*, Festival de Cine de Alcalá de Henares, Alcalá de Henares, 1997.

IPIÑA, N. "Entrevista personal", 2022.

JEFFERS MCCONALD, T., "The View from the Man Cave Comedy in the Contemporary "Homme-com' Cycle", en *A Companion to Film Comedy*, John Wiley & Sons, London, 2013, pp. 217-235.

MADRID, D., "Cineastas españoles del cambio de siglo en la órbita de la ciencia Ficción", *Fotocinema* 23, 2023, 2021-226.

MARIANO GONZÁLEZ, L., "Festivales de Cortometrajes. Tres lustros de evolución, transformaciones y supervivencia (200-2015)", en *El cortometraje español (2000-2015): Tendencias y ejemplos*, Iberoamericana, Madrid, 2016, pp. 55-76.

MONTERRUBIO, L.," Pagafantas", *Cahiers du Cinema. España* 24, 2009, 13.

MONTOYA, A., "Fe de etarras" [en línea], (2017), <https://www.fotogramas.es/peliculas-criticas/a19447385/fe-de-etarras/> [Consulta 01/09/2022]

MUÑOZ, D. "Entrevista Borja Cobeaga y Diego San José" [en línea], (2014), <https://bloguionistas.com/2014/04/22/entrevista-borja-cobeaga-y-diego-san-jose/> [Consulta 27/02/2022]

NAVAS, B., "Arsénico", en *El cortometraje español en 100 nombres*, Festival de Cine De Aguilar de Campoo, Aguilar de Campoo, 2010, p. 29.

OCAÑA, J., "Del papel a la pantalla" [en línea], (2009), <https://elpais.com/diario/2011/01/05/cine/1294182009_850215.html> [Consulta 27/02/2022]

OCAÑA, J. "La risa doliente" [en línea], (2015), <https://elpais.com/cultura/2015/03/12/actualidad/1426183200_507357.html> [Consulta 27/02/2022]

PALACIO, M. y RODRÍGUEZ ORTEGA, V. "Cine y cultura popular en los 90: España-Latinoamérica. Claves Conceptuales", en *Cine y cultura popular en los 90: España-Latinoamérica*, Berlin, Peter Lang, 2009, pp. 9-21.

PIÑÓN, M., "Nacho Vigalondo hace su propia crítica etílica de *Extraterrestre*" [en línea], (2011), <https://www.20minutos.es/cinemania/noticias/nacho-vigalondo-hace-su-propia-critica-etilica-de-extraterrestre-5154/> [Consulta 27/02/2022]

RAMÍREZ, N., "Entrevista con María Zamora" [en línea], (2011), <https://el-pais.com/cultura/2022-06-30/maria-zamora-no-conozco-a-ningun-director-de-cine-independiente-que-viva-solo-de-esto.html?event_log=oklogin> [Consulta 25/10/2022]

REVIRIEGO, C., "Los años del limbo. fulgores del cortometraje digital", en *La medida de los tiempos. El cortometraje español en la década de los 2000*, Festival de Alcalá de Henares, Alcalá de Henares, 2010, pp. 345-372.

REY, E., "Are you 'aving' a laugh? El post-humor y la nueva sitcom", en *Previously On. Estudios interdisciplinarios sobre la ficción televisiva en la tercera edad de oro de la televisión*, Sevilla, Universidad de Sevilla, 2011, 2011, 167-181.

RIPOLLÉS IRANZO, J., "The Silent Bunch. El corto español en Estados Unidos" en *La medida de los tiempos. El cortometraje español en la década de los 2000*, Festival de Alcalá de Henares, Alcalá de Henares, 2011, pp. 337-354.

ROWAN-LEGG, S., *The Spanish Fantastic: Contemporary Filmmaking in Horror, Fantasy and Sci-fi*. Londres, Bloomsbury, 2016.

RUIZ NAVARRO, A., "De Cronocrímenes y Extraterrestres: Fantástico y Ciencia Ficción en Nacho Vigalondo", *Pasavento. Revista de Estudios Hispánicos* 1 (1), 2013, 135-150.

SALA, A., *Profanando el sueño de los muertos. La historia más contada del cine fantástico español*. Scifiworld, Barcelona, 2010.

SEBASTIÁN MARTÍN, M, "The Potential of Meta-SF: An Analysis of Nacho Vigalondo's *Timecrimes* as a Metacinematic Allegory of Postmodern Subjectivity" *Hélice* 6 (2), 2020, 24-38.

SPICER, A.T., MCKENNA, A. and MEIR, C., "Introduction", en *Beyond the Bottom Line: The Producer in Film and Television Studies*, Bloomsbury, Londres, 2016, pp. 2-22.

STATISTA, "Ranking de los 10 largometrajes españoles con mayor recaudación en taquilla exhibidos en España hasta 2021" [en línea], (2011), <https://es.statista.com/estadisticas/509408/peliculas-espanolas-exhibidas-con-mayor-recaudacion-en-espana/> [Consulta 27/11/2022]

TORREIRO, C., "Pagafantas. Para interesados en la comedia" [en línea], (2009), <https://www.fotogramas.es/peliculas-criticas/a317853/pagafantas/> [Consulta 20/02/2022]

THE HOLLYWOOD REPORTER, "Extraterrestrial (Extraterrestre): Toronto Review" [en línea], (2011), https://www.hollywoodreporter.com/news/general-news/extraterrestrial-extraterreste-toronto-review-236651/ [Consulta 12/02/2022]

VEGA DE UNCETA, A. "La percepción del cortometraje por los profesionales del cine español", *Fotocinema* 17, 2018, 429-456.

YÁÑEZ, J., "Entre la profesionalización y el amateurismo. Formas de financiación y modelos de producción", en *La medida de los tiempos. El cortometraje español en la década de los 2000*, Festival de Alcalá de Henares, Alcalá de Henares, 2010, pp. 17-174.

YAÑEZ, J., *La aritmética de la creación. Entrevistas con productores del cine español contemporáneo*, Festival de Alcalá de Henares, Alcalá de Henares, 2010.

ZUBIAUR, N. E., LAZCANO, I. y FERNÁNDEZ DE ARROYABE, A., "El arte del cortometraje: *7:35 de la mañana*, un esperpento musical" *Área Abierta* 29, 2011, 1-16.

ZURRO, J. "María Zamora, la descubridora de Carla Simón y toda una nueva generación de directoras" https://www.eldiario.es/cultura/cine/maria-zamora-descubridora-carla-simon_1_8761179.html [en línea], (2022) [Consulta 12/12/2022]